Theorien der Gewalt zur Einführung

Teresa Koloma Beck / Klaus Schlichte

Theorien der Gewalt zur Einführung

JUNIUS

Junius Verlag GmbH
Stresemannstraße 375
22761 Hamburg
www.junius-verlag.de

Umschlaggestaltung: Florian Zietz
Titelbild: J. C. Füllhaas, Schlacht bei Solferino (1859)
© ÖNB, Bildarchiv 403.928-B
Satz: Junius Verlag GmbH
Printed in the EU 2020
ISBN 978-3-88506-080-2
3., überarb. Aufl. 2020

Bibliografische Information der Deutschen Nationalbibliothek
Die Deutsche Nationalbibliothek verzeichnet diese Publikation in der Deutschen Nationalbibliografie; detaillierte bibliografische Daten sind im Internet über http://dnb.dnb.de abrufbar.

Zur Einführung …

… hat diese Taschenbuchreihe seit ihrer Gründung 1977 gedient. Zunächst als sozialistische Initiative gestartet, die philosophisches Wissen allgemein zugänglich machen und so den Marsch durch die Institutionen theoretisch ausrüsten sollte, wurden die Bände in den achtziger Jahren zu einem verlässlichen Leitfaden durch das Labyrinth der neuen Unübersichtlichkeit. Mit der Kombination von Wissensvermittlung und kritischer Analyse haben die Junius-Bände stilbildend gewirkt.

Seit den neunziger Jahren reformierten sich Teile der Geisteswissenschaften als Kulturwissenschaften und brachten neue Fächer und Schwerpunkte wie Medienwissenschaften, Wissenschaftsgeschichte oder Bildwissenschaften hervor. Auch im Verhältnis zu den Naturwissenschaften sahen sich die traditionellen Kernfächer der Geisteswissenschaften neuen Herausforderungen ausgesetzt. Diesen Veränderungen trug eine Neuausrichtung der Junius-Reihe Rechnung, die seit 2003 von der verstorbenen Cornelia Vismann und zwei der Unterzeichnenden (M.H. und D.T.) verantwortet wurde.

Ein Jahrzehnt später erweisen sich die Kulturwissenschaften eher als notwendige Erweiterung denn als Neubegründung der Geisteswissenschaften. In den Fokus sind neue, nicht zuletzt politik- und sozialwissenschaftliche Fragen gerückt, die sich produktiv mit den geistes- und kulturwissenschaftlichen Problemstellungen vermengt haben. So scheint eine erneute Inventur der Reihe sinnvoll, deren Aufgabe unverändert darin besteht, kompetent und anschaulich zu vermitteln, was kritisches Denken und Forschen jenseits naturwissenschaftlicher Zugänge heute zu leisten vermag.

Zur Einführung ist für Leute geschrieben, denen daran gelegen ist, sich über bekannte und manchmal weniger bekannte Autor(inn)en und Themen zu orientieren. Sie wollen klassische Fragen in neuem Licht und neue Forschungsfelder in gültiger Form dargestellt sehen.

Zur Einführung ist von Leuten geschrieben, die nicht nur einen souveränen Überblick geben, sondern ihren eigenen Standpunkt markieren. Vermittlung heißt nicht Verwässerung, Repräsentativität nicht Vollständigkeit. Die Autorinnen und Autoren der Reihe haben eine eigene Perspektive auf ihren Gegenstand, und ihre Handschrift ist in den einzelnen Bänden deutlich erkennbar.

Zur Einführung ist in der Hinsicht traditionell, dass es den Stärken des gedruckten Buchs – die Darstellung baut auf Übersichtlichkeit, Sorgfalt und reflexive Distanz, das Medium auf Handhabbarkeit und Haltbarkeit – auch in Zeiten liquider Netzpublikationen vertraut.

Zur Einführung bleibt seinem ursprünglichen Konzept treu, indem es die Zirkulation von Ideen, Erkenntnissen und Wissen befördert.

Michael Hagner
Ina Kerner
Dieter Thomä

Inhalt

1. Einleitung

Gewalt zählt zu jenen Phänomenen menschlichen Zusammenlebens, die – wie Armut oder Klimawandel – gemeinhin als »Problem« wahrgenommen werden. Gewalt findet statt, wo Menschen einander absichtlich etwas zuleide tun, und das Problem besteht darin, dass dies so einfach möglich ist. Denn die menschliche Existenz ist fragil. Unsere Haut ist dünn. Und es braucht nicht viel, um darunter liegende Organe lebensgefährlich zu schädigen. So ist jeder von uns verletzbar und gleichzeitig fähig, einen anderen zu verletzen. Das Nachdenken über diese Konstellation hat eine lange Geschichte, die weit vor den Beginn wissenschaftlichen Denkens zurückreicht. Denn sie wirft ganz grundsätzliche Fragen auf, was die Möglichkeiten und Grenzen menschlichen Zusammenlebens betrifft.

Blickt man jedoch auf die wissenschaftliche Auseinandersetzung mit dem Thema, so fällt auf, dass Gewalt die Aufmerksamkeit sehr verschiedener Disziplinen und Teildisziplinen auf sich zieht. Dies liegt in der Dynamik von Gewaltereignissen selbst begründet, die gleichzeitig Strukturen des Sozialen wie des Individuellen berühren, die Psyche ebenso wie die organischen Bedingungen menschlichen Lebens. Gewalt – von der Ohrfeige des Vaters in das Gesicht des Kindes über die Schlägerei unter Jugendlichen bis zu Hinrichtung, Folter und Krieg – kann menschliches Zusammenleben drastisch verändern. Das macht sie zum genuinen Gegenstand sozialtheoretischer und sozialwissenschaftlicher Reflexionen. Doch betreffen diese Ereignisse immer auch individuelle Körper und Bewusstseine, denn sie verletzen, lösen Schmerz aus, vegetative Erregungszustände, Affekte und Emotionen. Vor diesem Hintergrund beschäftigen sich seit dem frühen 20. Jahrhundert zunehmend auch die Naturwissenschaften – von der Zoologie über die Entwicklungspsychologie bis zu Neurobiologie und Genetik – mit dem Thema.

Gewaltphänomene werden also im Kontext verschiedener Disziplinen, mittels unterschiedlicher Methoden und vor dem Hintergrund sehr verschiedener Konzepte untersucht. Oft unterscheiden sich schon die gestellten Probleme. Doch selbst wenn es eine gemeinsame übergeordnete Fragestellung gibt – beispielsweise die nach den Entstehungsbedingungen von Gewaltbereitschaft –, fallen die Antworten unterschiedlich aus, je nachdem, ob sie beispielsweise von einem Neurowissenschaftler gegeben werden, der Stoffwechselprozesse im Gehirn untersucht; von einer Evolutionspsychologin, die nach entwicklungsgeschichtlichen Determinanten fragt; von einem Genetiker, der sich mit erblichen Prädispositionen beschäftigt; von einer Soziologin oder einem Ethnologen, die nach den gesellschaftlichen Bedingungen individueller Gewaltbereitschaft fragen, oder von einer Politikwissenschaftlerin, die sich mit den Auswirkungen der politischen Ordnungen auf individuelles Gewalthandeln beschäftigt. So stehen diese verschiedenen Zugänge keineswegs in einem harmonisch-komplementären Verhältnis zueinander, sondern produzieren konkurrierendes, bisweilen auch sich wechselseitig ausschließendes Wissen. Besonders deutlich wurde dies beispielsweise in den letzten Jahren in den Debatten um die Bedeutung genetischer und neurobiologischer Faktoren für die Entstehung von individueller Gewaltbereitschaft: Während nach dem Ende des Zweiten Weltkriegs aufgrund der Erfahrungen mit der Rassenlehre Skepsis gegenüber deterministischen Erklärungen sozialer Phänomene weit verbreitet war, machen seit den späten 1980er

Jahren Hirnforscher, Evolutionspychologinnen und Genetiker mit Arbeiten über biologische Ursachen der Gewalt von sich reden. Populär sind diese Forschungen besonders deshalb, weil sie einleuchtende und pragmatische Lösungen gleich mitzuliefern scheinen: Aus einem sozialen oder politischen wird ein medizinisches Problem, dem individuell vorgebeugt und das mithilfe pharmazeutischer Mittel auch »geheilt« werden kann (für aktuelle Beispiele siehe Buss 2007; Raine 2013).

In den Sozialwissenschaften bleibt die Plausibilität dieser Argumentation ebenso umstritten wie die Ethik der vorgeschlagenen Lösungen.[1] Obwohl also Gewalt als Forschungsgegenstand interdisziplinäre Zusammenarbeit und transdisziplinäre Konzeptionen gleichsam zu fordern scheint, bleibt die Wissensproduktion über verschiedene Disziplinen verteilt, die einander zumeist ignorieren und nur bisweilen ausschnitthaft voneinander Kenntnis nehmen. Und auch innerhalb der Disziplinen gibt es verschiedene Zugänge zum Thema – und damit verschiedene Einsichten und Vorschläge.

Innerhalb dieses kontroversen Gegenstandsfeldes wird dieser Einführungsband sich nur auf einige Aspekte konzentrieren. Unser Ziel ist es also nicht, den Blick möglichst weit über das Gelände schweifen zu lassen, sondern es besteht vielmehr darin, einen bestimmten, sozialtheoretisch und sozialwissenschaftlich besonders interessanten Ausschnitt genauer zu betrachten. Bei den im Folgenden vorgestellten Gewalttheorien handelt es sich um Sozialtheorien[2], die Gewalt als Problem in Prozessen sozialer Ordnungsbildung thematisieren. Diese Perspektive schließt nicht nur das weite Feld naturwissenschaftlicher Forschung zu Gewaltphänomenen aus, sondern fokussiert auch innerhalb der Sozialwissenschaften noch einmal den Blick – und zwar in zwei Richtungen. Zum einen geht es in den vorgestellten Ansätzen um Gewalt als soziales Phänomen. Im Zentrum des Interesses steht also nicht das gewaltsam handelnde Individuum, sondern die soziale Dynamik der Gewalt selbst. Innerhalb dieser Dynamiken rücken dann – und dies ist die zweite Fokussierung, die wir vornehmen – Prozesse der Produktion, Reproduktion und Transformation sozialer Ordnungen in den Mittelpunkt. In anderen Worten: Nicht um das »Woher?« von Gewalttätigkeit oder Gewaltbereitschaft im Sinne einer individuellen Disposition oder einer Form sozialer Devianz wird es im Folgenden gehen, auch nicht um die individuellen Folgen von Viktimisierung, sondern um Gewalt in Prozessen von Vergemeinschaftung und Vergesellschaftung. Dabei legen wir zunächst einen engen Gewaltbegriff zugrunde, der die intendierte Verletzung menschlicher Körper ins Zentrum stellt, also Vorgänge, die gemeinhin als »physische Gewalt« bezeichnet werden. Strukturierend für unsere Darstellung der verschiedenen Ansätze sind nicht so sehr bestimmte Erscheinungsformen der Gewalt als spezifische sozialtheoretische Fragestellungen und Debatten, die leitend für die sozialwissenschaftliche Auseinandersetzung mit Gewaltphänomenen waren. So wird man in diesem Band vergeblich nach Kapiteln zu Theorien der Revolution, des Krieges, des Terrorismus oder der Vergewaltigung suchen.[3] Doch zeigen wir, in welchen spezifischen Theoriekontexten diesen Gewaltformen besondere theoretische Aufmerksamkeit zuteilwurde – der Revolution beispielsweise im Streit um die Legitimität der Staatsgewalt oder Vergewaltigungen im Kontext von Theorien, die versuchen, die Auswirkungen der Gewalt auf Subjektstrukturen zu klären.

Diese Perspektive mag zunächst konstruiert erscheinen, ist doch die gängige Erwartung an Theorie-Einführungsbände, dass sie bestehende theoretische Ansätze vorstellen und zueinander in Beziehung setzen. Doch dass wir hier eine sehr spezifische Rahmung des Problems an den Anfang stellen, ist nicht unserer Lust an intellektueller Akrobatik geschuldet, sondern liegt vielmehr im Gegenstand selbst begründet. Denn obwohl Gewalthandeln eine wichtige Rolle in der sozialtheoretischen, insbesondere der politischen Ideengeschichte spielt, ist die explizite Auseinandersetzung mit dem Thema lange ausgeblieben. Sieht man von den Konjunkturen der Debatten über Kriminalität, Terrorismus oder »humanitäre Interventionen« ab, dann wird Gewalt in den Sozial- und Geisteswissenschaften bis heute exotisiert. »Wenn hinten, weit, in der Türkei/Die Völker aufeinander schlagen« – diese Zeilen aus Goethes *Faust* spiegeln bis heute eine dominante Wahrnehmung wider: Gewalt ist nach dem impliziten Selbstverständnis dieser Disziplinen eine Angelegenheit der schon fernen Vergangenheit oder noch fernerer Gegenden. So haben die kanonischen Autoren jeder Soziologie-Einführungsvorlesung – Marx, Durkheim, Weber, Simmel, Luhmann, Foucault, Habermas – zwar alle irgendwo etwas über die Gewalt gesagt. Eine Theorie der Gewalt hat aber niemand von ihnen vorgelegt. Die einzige Ausnahme im Kanon der mittlerweile klassischen Lektüre ist vielleicht Hannah Arendt, die sich im Kontext ihrer Arbeit am Machtbegriff auch mit der Gewalt beschäftigte (siehe dazu Abschnitt 4.1). Selbst Autoren wie Norbert Elias und Michel Foucault, die für die Gewaltforschung höchst relevant geworden sind, haben Gewalt immer in Verbindung mit etwas anderem theoretisch behandelt, aber sie nie zum alleinigen zentralen Inhalt einer Theorie gemacht. Versuche, genuine Gewalttheorien in unserem Sinne zu entwickeln, gibt es erst seit kurzem. Die Beiträge von Jan Philipp Reemstma (2008) oder Randall Collins (2008), die wir im vierten Kapitel behandeln, können als solche gelten.

Zusammenfassend lässt sich also feststellen, dass es in den Sozial- und Geisteswissenschaften eine lange Tradition der Beschäftigung mit Gewaltphänomenen gibt, und zwar nicht nur an ihren Rändern, sondern im Kern dessen, was gemeinhin als ihr Mainstream oder gar als kanonisch gilt. Auch mangelt es nicht an Versuchen, der Gewalt einen theoretischen Ort zuzuweisen oder sie für die Konstruktion von Theorien zu nutzen. Doch steckt die Entwicklung sozialwissenschaftlicher Gewalttheorien im engeren Sinne noch in den Kinderschuhen; und eine Übersicht zu den im Kontext anderer Theoriearbeiten gewonnenen Erkenntnissen fehlt. Dieser Einführungsband will diese Lücke schließen. So werden wir auf den folgenden Seiten sozialwissenschaftlich einschlägige Arbeiten vorstellen, die Gewalt im Kontext von Prozessen sozialer Ordnungsbildung problematisieren.

Dabei unterscheiden wir zwischen zwei Diskussionssträngen, die gleichzeitig diese Einführung strukturieren: Zum einen wird es um solche politischen und sozialen Theorien gehen, die die Legitimität der Gewalt zum Thema machen. Diese Gewalttheorien entwickeln sich vor allem in der theoretischen – und später auch politischen – Auseinandersetzung mit dem Staat: Seit den frühen Staatstheorien, etwa von Jean Bodin und Thomas Hobbes, ist die grundsätzlich immer verfügbare Option des gewaltsamen Handelns Ausgangspunkt für die Begründung politischer Ordnung. Es handelt sich in der Regel um normative Theorien, die begründen, wie Gewalt durch die Institutionen und Apparate des Staates kontrolliert und auf legitime Weise ausgeübt werden kann. Doch sind diese Arbeiten zur Legitimierung staatlicher Gewalt nicht ohne Widerspruch geblieben, und so gibt es insbesondere seit dem späten 18. Jahrhundert immer wieder theoretische Bemühungen, gerade die Gewalt des Staates zu kritisieren oder Gegengewalt gegen staatliche Herrschaft zu begründen. Bei diesen Auseinandersetzungen handelt es sich jedoch nicht um Theoriedebatten im Elfenbeinturm der Wissenschaft. Vielmehr spiegeln sich in diesen Positionen politische und soziale Konflikte und die Gewalterfahrungen der jeweiligen Zeit.

Zum Zweiten stellen wir die aus unserer Sicht wichtigsten sozialwissenschaftlichen Theorien vor, die empirische Dynamiken der Gewalt rekonstruieren und erklären. Denn mit der Ausweitung der empirisch arbeitenden Sozialwissenschaften entwickelte sich jenseits der politischen Theorie, der es um Normen und ihre Begründungen geht, eine zweite Art von Theorien der Gewalt. Das sind Theorien, die den Anspruch haben, das Vorkommen und die Dynamik von Gewaltphänomenen aus empirischer Sicht zu klären. Treibend für diesen Zweig der Forschung waren vor allem die Gewalterfahrungen des 20. Jahrhunderts. Theorien und Konzepte wurden aus der Beschäftigung mit Revolutionen und Bürgerkriegen, aber auch mit staatlicher Repression und der Gewalt zwischen Staaten entwickelt. Die Gewaltexzesse des 20. Jahrhunderts, die beiden Weltkriege, die Völkermorde und die Schoah nehmen darin einen besonderen Platz ein. Dabei wird schnell deutlich – und von den Theoretikern der empirischen Gewaltforschung meist auch zugestanden –, dass diese Forschung, wenn auch empirisch, so doch nicht wertneutral ist.

Normative Theorien, die die Ausübung von Gewalt entweder begrunden oder kritisieren, einerseits und empirische Theorien, die Gewalt erklären oder verständlich machen wollen, andererseits stehen also im Mittelpunkt unseres Bandes. Dieser Zugang mag unkonventionell erscheinen, beschäftigen sich Überblicke und Einführungen in diesem Themenfeld bisher doch entweder mit dem einen oder dem anderen, das heißt mit den normativen Theorien der Politik oder den empirischen Forschungen zu Gewaltphänomenen.[4] Die Kombination beider Forschungsstränge ergibt sich jedoch aus der sozialtheoretischen Grundkonzeption dieser Einführung: Wie oben ausgeführt, stehen hier solche Gewalttheorien im Zentrum, die sich mit der Rolle von Gewalt in der (Re-)Produktion und Transformation sozialer Ordnung beschäftigen. Und diesem Problem haben sich Forscherinnen und Forscher nun einmal sowohl aus theoretisch philosophischer wie auch aus empirischer Perspektive genähert. Die Zusammenführung beider Theoriestränge macht es möglich, auch die wenig thematisierten Bezüge zwischen ihnen aufzuzeigen. Deshalb werden wir beispielsweise im Kapitel, das den empirischen Gewalttheorien gewidmet ist, auf einige Autoren normativer Gewalttheorien zurückkommen. Darüber hinaus erlaubt es dieses Vorgehen, den Blick für eines der zentralen Probleme der Forschung zu und der Theoretisierung von Gewaltdynamiken zu schärfen, das in der Überlagerung von empirischen Beobachtungen durch normative Setzungen besteht. Aus der Vielzahl der Beiträge, die wir in diesem Band behandeln und die nur ein Ausschnitt aus einer sehr viel breiteren Diskussion sind, könnte man schließen, dass eine umfassende Theorie der Gewalt nicht möglich ist. Sie kann, so unsere These, immer nur Teil einer allgemeineren Theorie von Gesellschaft und Politik sein.

Während unsere Einführung in dieser Hinsicht also eher breit angelegt ist, haben wir in anderen Hinsichten Schwerpunkte gesetzt. Die Theorien der Gewalt, die wir vorstellen, entstammen fast alle westlichen Kontexten oder aber den historischen Erfahrungen mit der kolonialen und imperialen Expansion europäischer Staaten. Eine Übersicht über die in anderen Kulturkreisen, vor allem zu früheren Zeiten entwickelten Vorstellungen zu Fragen der Gewalt ist deshalb ein Desiderat geblieben. Und selbst im Hinblick auf die Auswahl der behandelten Theorien muss diese Einführung notwendig selektiv sein. Heute noch diskutierte Grundpositionen sind uns wichtiger gewesen als das Ideal der Vollständigkeit. Auch bei den empirischen Gewalttheorien haben wir den Schwerpunkt auf gegenwärtig diskutierte Ansätze gelegt, an denen sich gleichwohl längere Traditionen der sozialwissenschaftlichen Theoriebildung zeigen lassen.

Darüber hinaus beziehen sich die ausgewählten Arbeiten fast ausschließlich auf politische Phänomene. Dies ist vor allem dem Umstand geschuldet, dass sich das Nachdenken über die hier im

Zentrum stehenden sozialen Dynamiken der Gewalt vor allem im Kontext der Reflexion politischer Prozesse, insbesondere der Staatsbildung entwickelt hat. Anders als in kriminologischen Auseinandersetzungen mit dem Thema, in denen Gewalt notwendig vor allem als Abweichung von gesellschaftlichen Normen und deshalb als zu bekämpfendes Übel vorkommt, waren Staatstheoretiker und -empiriker bereits früh sensibel für die ambivalenten Dynamiken der Gewalt und versuchten, diese theoretisch einzufangen. Sie erkannten, dass Gewalt nicht nur zerstört, sondern gleichzeitig auch soziale Strukturen hervorbringen kann. Unsere empirische Fokussierung auf im weitesten Sinne politisch motivierte kollektive Gewalt ist also vor allem dieser Pfadabhängigkeit akademischer Wissensproduktion geschuldet. Viele der in diesen Arbeiten gewonnenen grundsätzlicheren Einsichten über die sozialen Dynamiken der Gewalt lassen sich jedoch auch auf andere soziale Zusammenhänge übertragen. Vergemeinschaftungsprozesse durch Gewalt beispielsweise sind nicht nur in Staatsbildungsprozessen, beim Militär oder in nicht-staatlichen bewaffneten Gruppen zu beobachten, sondern ebenso in Milieus organisierter Kriminalität, unter Hooligans oder in Jugendbanden. Ebenso stellt sich die Frage nach der Legitimität von Gewalthandeln überall dort, wo solches Handeln vorkommt – sei es im Krieg, bei Polizeieinsätzen oder am familiären Mittagstisch.

Mit diesen Abgrenzungen sind die Definitionsprobleme indes nicht beseitigt. Denn der Begriff der Gewalt hat sich historisch gewandelt, und seine Bedeutung ist insbesondere im Deutschen bis heute schillernd und ambivalent. Die folgenden Kapitel werden zeigen, dass es sich bei der Gewalt keineswegs um einen Begriff mit präzisem empirischen Korrelat handelt: Nicht jede intendierte Verletzungshandlung wird notwendig als »Gewalt« bezeichnet – denken wir etwa an religiöse Riten oder auch den Besuch beim Zahnarzt. Was als Gewalt bezeichnet wird und was nicht, ist deshalb nicht nur eine wissenschaftliche Frage, sondern auch immer eine politische. Darauf machen nicht zuletzt die vor allem in der zweiten Hälfte des 20. Jahrhunderts entwickelten Konzeptionen aufmerksam, die unter Stichworten wie »strukturelle Gewalt« (Galtung), »symbolische Gewalt« (Bourdieu) oder »normative Gewalt« (Butler) darauf zielten, den Begriff deutlich weiter zu fassen, um auf gravierende soziale Probleme aufmerksam zu machen (siehe dazu Abschnitt 2.2). In diesem Sinne ist Gewalt nicht nur ein analytisch-beschreibender, sondern auch ein Kampfbegriff. Die Entwicklung von Gewalttheorien in unserem Sinne ist von der Entwicklung der Begriffsbedeutung und den ihr zugrunde liegenden Kämpfen nicht ablösbar.

Für diese Einführung scheinen uns deshalb zwei Dinge geboten. Zum Ersten arbeiten wir mit einer klaren Ausgangsdefinition, die es erlaubt, analytisch zwischen der Phänomenologie des Geschehens einerseits und dessen sozialer Bewertung andererseits zu unterscheiden. Diese Definition haben wir weiter oben bereits umrissen: Sie stellt die absichtliche Verletzung menschlicher Körper[5] ins Zentrum, führt aber mit, dass solches Geschehen auch mit anderen Begriffen beschrieben werden kann. So wird es möglich, in diesem Band Autoren und Theorien zu berücksichtigen, die zwar nicht unsere Gewaltdefinition teilen, aber doch Themen und Fragen behandeln, die Gewalt in unserem Sinne direkt berühren. Zum Zweiten scheint es uns notwendig, zur Kontextualisierung der Theorien die zentralen Kontroversen nachzuzeichnen, die sich mit dem Begriff verbinden. Ehe wir uns der Vorstellung von Gewalttheorien zuwenden, werden wir deshalb im Folgenden zunächst einen Überblick über die sozialwissenschaftliche Problematisierung von Gewalt geben.

Wie und in welchen Kontexten wird also Gewalt zu einem Gegenstand der Sozialtheorie? Mit Blick auf diese Frage scheint es sinnvoll, drei verschiedene, jedoch voneinander nicht unabhängige Problemkomplexe zu unterscheiden: das Problem der Kontrolle, das Problem der Legitimität und das Problem der wissenschaftlichen Theorie und Methode.

Das Problem der Gewaltkontrolle ergibt sich aus den potenziellen Wirkungen von Gewalthandlungen auf soziales Zusammenleben. Es entsteht, da Verletzen und Verletztwerdenkönnen gleichermaßen zu den Grundbedingungen menschlichen Lebens zählen. Der Körper ist fragil, es braucht nicht viel, um ihn nachhaltig zu schädigen. Äußerst treffend spricht der Soziologe Heinrich Popitz in diesem Zusammenhang von der »Verletzungsoffenheit« des Menschen als einer anthropologischen Grundkonstellation, die dazu führt, dass wir gleichzeitig »verletzungsmächtig« gegenüber anderen werden (Popitz 1986: 69). Für menschliche Gemeinschaften wird dies potenziell zum Problem. Denn Zusammenleben braucht Regeln, die praktisch jedoch wenig ausrichten, wenn jeder jederzeit versuchen kann, mit Gewalt eigene Interessen auch gegen die Regeln durchzusetzen. Mit Blick auf soziale Ordnungsbildung stellt sich also das Problem der Gewaltkontrolle. Und man muss kein so pessimistisches Menschenbild wie Thomas Hobbes haben (siehe dazu Abschnitt 3.1), um die Verbindung von Verletzungsoffenheit und Gewaltfähigkeit des Menschen als ein Grundproblem sozialer Ordnung zu erkennen. Hobbes' Lösung bestand bekanntermaßen in der Monopolisierung des Gewaltpotenzials, also des Rechts auf Gewaltausübung. Doch auch wenn in historischer Langzeitperspektive die Formierung von Gewaltmonopolen die innere Befriedung von Gesellschaften vorangetrieben hat, bringt dieser Schritt die Gewalt keineswegs zum Verschwinden. Denn das Gewaltmonopol ist keine statische Größe, vielmehr muss es in einem kontinuierlichen Prozess aufrechterhalten und verteidigt werden. Dies schließt den Einsatz von Gewalt gegen diejenigen ein, die das Monopol herausfordern. Die Einhegung der Gewalt kann also selbst auf die Anwendung physischer Zwangsmittel nicht verzichten. »Soziale Ordnung«, schreibt Popitz, »ist eine notwendige Bedingung der Eindämmung von Gewalt – Gewalt ist eine notwendige Bedingung der Aufrechterhaltung sozialer Ordnung.« (Popitz 1986: 69)

So wirft die Lösung des Ordnungsproblems direkt ein zweites auf, nämlich das normative Problem der Legitimität von Gewalthandeln. Denn, wie eben erwähnt, bedeutet die Monopolisierung des Gewaltpotenzials zunächst vor allem, dass Gewalt nicht mehr – oder genauer gesagt: nicht legitimerweise – von jedem zum Einsatz gebracht werden kann, sondern nur noch vom Monopolisten. Diesen Anspruch jedoch muss Letzterer kontinuierlich aufrechterhalten. So hat der Prozess der Aufrechterhaltung eines Gewaltmonopols nicht nur eine handlungspraktische, sondern eben auch eine normative Dimension. Für den Monopolisten geht es nicht nur darum, die Gewalt der Herausforderer praktisch zu verhindern oder ihr ein Ende zu setzen. Er muss dabei auch sicherstellen, dass das eigene Gewalthandeln die Legitimität der eigenen Position nicht untergräbt, weil es unbillig oder unverhältnismäßig erscheint. Während das handlungspraktische Problem der Gewalt sich in seiner Grundstruktur in allen Gesellschaften gleichermaßen stellt, gewinnt das normativlegitimatorische Problem vor allem in der Moderne an Relevanz und Brisanz. Denn die Konsolidierung und Verbreitung universalistischer Werte, vor allem was den Schutz menschlichen Lebens betrifft, erschwert die Rechtfertigung von Gewalt. Vor diesem Hintergrund wird die Frage der »legitimen Gewalt« in der Moderne zu einem zentralen Gegenstand politischen Denkens, das seinen stärksten Ausdruck in der Staatstheorie gefunden hat.

Mit dem Fortschreiten der Moderne entstand dadurch jedoch ein drittes, wissenschaftsgeschichtlich-theoretisches Problem, das die Reflexion des Themas Gewalt in den Sozialwissenschaften betrifft. Die Entwicklung der Sozialwissenschaften ist aufs Engste mit dem Projekt der Moderne verbunden. Zum Zeitpunkt ihrer Formierung war in weiten Teilen Europas die weitgehende Befriedung der Gesellschaft durch einen gewaltmonopolisierenden Leviathan keine Utopie mehr, sondern – in Gestalt der modernen Nationalstaaten – alltägliche Realität geworden. Gewalt galt als ein Relikt vergangener, vormoderner Zeit, das mit fortschreitender Modernisierung ganz verschwinden würde. Die entstehenden Sozialwissenschaften machten diese Selbstbeschreibung moderner Gesellschaften zur impliziten Grundlage ihrer Reflexionen, mit dem Effekt, dass Gewalt nur in Form von Anomie oder Devianz, nicht aber als konstitutives Moment in Prozessen der Vergesellschaftung gedacht werden konnte. Die Fortschrittserzählung der Moderne wurde zwar schon nach dem Ersten Weltkrieg in Zweifel gezogen. Für einige Theoretiker waren die Schoah und der Zweite Weltkrieg dann ein weiterer Beleg für die Fortdauer der Gewalt in der Moderne. Doch die Mehrheit der Sozialwissenschaftler begann erst in den 1980er Jahren, das Verhältnis von Gewalt und Moderne neu zu denken und beispielsweise im massenhaften Morden totalitärer Regime nicht Anzeichen für deren Bruch mit den Errungenschaften der Moderne zu sehen, sondern stattdessen Zeichen der Modernität selbst. Im folgenden zweiten Kapitel werden wir uns diesem Problem zunächst etwas ausführlicher widmen, ehe wir uns in den Kapiteln drei und vier nacheinander der Vorstellung normativer und erklärender Gewalttheorien zuwenden werden.

2. Gewalt als sozialwissenschaftliches Problem

In politischen wie auch in wissenschaftlichen Debatten wird Gewalt in der Regel als Problem thematisiert. Ähnlich wie bei »Armut«, »Frieden« oder »Demokratie« handelt es sich um einen stark werthaltigen Begriff, doch anders als die beiden letztgenannten führt er in der Regel keine positive, sondern eine negative Konnotation mit sich. Wo von Gewalt die Rede ist, steht etwas auf dem Spiel, geht es um ein Problem, das gelöst, eine Situation, die verändert werden muss. Dem Zeitgenossen ist diese Unselbstverständlichkeit der Gewalt selbstverständlich. Denn Gewalt zerstört nicht nur den Körper, sondern auch die Psyche, soziale Beziehungen, im Extremfall sogar das ganze Beziehungsgeflecht von Gesellschaften. Diese Unselbstverständlichkeit der Gewalt ist jedoch, wie in der Einleitung bereits angedeutet, keine historisch-kulturelle Universalie, sondern ein Charakteristikum der Moderne. Denn Geschichte wie Gegenwart kennen Kontexte, in denen das Ausüben und/oder das Erleiden physischer Gewalt zum regulären Erwartungshorizont sozialer Interaktion gehört und dabei keineswegs notwendig mit Vorstellungen von der Zerstörung sozialer Beziehungen assoziiert ist, sondern beispielsweise als Gemeinschaft stiftendes Ereignis gilt oder auch als eine Form der Lust.[6]

In der modernen Sozialtheorie jedoch blieb die Partikularität des zeitgenössischen Gewaltverhältnisses lange Zeit unreflektiert, mit dem Effekt, dass Gewalt auch in der sozialwissenschaftlichen Forschung als etwas Unselbstverständliches, als Abweichung von der Norm thematisiert werden konnte. Auch in der Sozialtheorie erschien Gewalt also in erster Linie als ein Problem, das es zu lösen, und nicht als ein Phänomen, das es zu verstehen galt. So beschäftigt sich bis heute die Mehrzahl der Arbeiten, die unter dem Stichwort »Gewaltforschung« veröffentlicht wird, mit den Ursachen der Gewalt – sei es nun Gewalt an Schulen oder in Kriegen – sowie den Möglichkeiten ihrer Beendigung und Prävention. Und obwohl in historischer Perspektive Kriege und andere Gewaltkonflikte offensichtlich treibende Faktoren gesellschaftlicher Transformationsprozesse waren, blieb die soziale Dynamik der Gewalt bis zum Ende des 20. Jahrhunderts eine Leerstelle der Forschung. Sie spielt eine Rolle – ganz zentral beispielsweise in der Staatstheorie –, aber sie wird nicht zu einem eigenständigen Gegenstand der Reflexion.

Die Entwicklung von Gewalttheorien in unserem Sinne ist aufs Engste mit diesem Problem in der Forschungstradition verbunden. Deshalb werden wir uns in diesem Kapitel zunächst der Gewalt als Problem für die Sozialwissenschaften und insbesondere die Sozialtheoriebildung zuwenden, ehe wir in den beiden folgenden Kapiteln einflussreiche Gewalttheorien im Detail vorstellen werden. Zunächst werden wir darstellen, wie und in welcher Hinsicht Gewalt zu einem Problem der Sozialwissenschaften wird. Vor dem Hintergrund dieser Diskussion werden wir dann in einem zweiten Schritt den Begriff der Gewalt in historischer Perspektive diskutieren.

2.1 Das Andere der modernen Gesellschaft: Gewalt in der sozialwissenschaftlichen Tradition

In der sozialwissenschaftlichen Tradition ist die explizite Beschäftigung mit dem Thema Gewalt, wie bereits in der Einleitung erwähnt, noch immer ein relativ junges Forschungsfeld. Angesichts der drastischen Auswirkungen, die Gewalthandeln haben kann, und der Prominenz des Themas in öffentlichen Debatten mag dies überraschen. Verständlich wird diese späte Entdeckung der Gewalt als Forschungsgegenstand, blickt man in die Entstehungsgeschichte der sozialwissenschaftlichen Disziplinen. Die systematische Beschäftigung mit den empirischen Gegebenheiten menschlichen Zusammenlebens begann mit der Aufklärung, die, laut dem bekannten Diktum Immanuel Kants, nach dem »Ausgang des Menschen aus seiner selbst verschuldeten Unmündigkeit« strebte (Kant 1922: 169). Vernunft, nicht Religion, sollte fortan die menschlichen Geschicke leiten. Wissen stellte dafür die entscheidende Voraussetzung, den Schlüssel zur Freiheit, dar.[7] Die Formierung der Sozialwissenschaften ist also aufs Engste mit dem Reformprojekt der Aufklärung verbunden. Das Erbe dieser Verbindung ist der Impuls, die Gesellschaft zu verbessern, also das Streben danach, dass die Wissensproduktion nicht einfach dem Erkenntnisfortschritt, sondern dem Fortschritt der Gesellschaft selbst dienen soll, der viele sozialwissenschaftliche Arbeiten bis heute prägt (für eine pointierte Kritik siehe Coser 1956: 15-32). Die Suche nach neuen Erkenntnissen war fortan keine kontemplative Angelegenheit mehr, die hinter Klostermauern verfolgt wurde, sondern diente dazu, Kontrolle über das zuvor Unkontrollierte oder Unkontrollierbare zu gewinnen. In einer sich selbst verstärkenden Dynamik wurde so das sich entwickelnde sozialwissenschaftliche und sozialtheoretische Denken (im Englischen treffender gefasst in der Formulierung *social thought*) prägend für das Selbstverständnis »moderner Gesellschaften«, während gleichzeitig die Eckpfeiler dieses Selbstverständnisses zu nicht weiter hinterfragten Ausgangspunkten sozialwissenschaftlicher und sozialtheoretischer Wissensproduktion wurden. So führte die historische Verquickung von Disziplinentwicklung und gesellschaftlichem Reformprojekt unausweichlich zu blinden Flecken, zu empirischen Gegenstandsfeldern also, die in der Theoriebildung unbeachtet blieben, weil sie außerhalb des modernen Selbstverständnisses lagen oder in dessen Perspektive als irrelevant erschienen.

Zu diesen Gegenständen gehört auch die Gewalt. Denn im modernen Selbstverständnis ist Gewaltlosigkeit eines der entscheidenden Distinktionsmerkmale aufgeklärter Gesellschaften. Es erlaubt die Abgrenzung von eigenen historischen Vorgängern, vor allem aber auch von anderen zeitgenössischen Gesellschaften. Dies gilt nicht nur für organisierte Formen kollektiver Gewalt, sondern auch für spontane, individuelle Gewaltausbrüche. Denn Moderne heißt eben nicht nur fortschreitende Kontrolle über Unwägbarkeiten in der Umwelt, sondern auch fortschreitende Selbstkontrolle. Gewalt passt in dieses Selbstbild nicht. Die Durchsetzung dieser Vorstellung lässt sich in drei Dimensionen verfolgen: zum Ersten ideengeschichtlich, in der Etablierung von Gewaltlosigkeit als Norm; zum Zweiten lebensweltlich, in der Etablierung von Gewaltlosigkeit als Normalerwartung in der Alltagsinteraktion; und zum Dritten politisch, in der Formierung gewaltkritischer, humanitärer Bewegungen.

Prägend für die Formierung der Norm der Gewaltlosigkeit war der im 17./18. Jahrhundert sich entwickelnde Liberalismus. Ließ sich in voraufklärerischer Zeit Gewaltkritik in (West-)Europa nur im Rahmen christlicher Ethik formulieren (was sie zur Angelegenheit von Klerikern machte), stellte das liberale Denken nun den Rahmen für eine säkulare Gewaltkritik bereit. Bekannt ist in diesem Zusammenhang vor allem die auch heute noch populäre liberale Kritik des Krieges, die die negativen Folgen von bewaffneten Konflikten für Wirtschaft und (Frei-)Handel – und damit für die Verwirklichung des *common wealth* – ins Zentrum rückt. In seinen ersten Formulierungen war dieses auf den ersten Blick rein ökonomische Argument jedoch rückgebunden an ein entwicklungspsychologisches: Freier Gütertausch und arbeitsteilige Herstellungsverfahren haben, so die Vordenker des Liberalismus, positive, nämlich mäßigende Effekte auf die Gemüter der Menschen und damit auch auf ihre Beziehungen untereinander. »Der Handel«, so Montesquieu 1748, »flößt natürlicher Weise friedliebende Gesinnungen ein. Zwey Nationen, die Verkehr mit einander haben, machen sich eine von der andern abhängig. Ist der einen daran gelegen, zu kaufen, so liegt der andern daran, zu verkaufen; und alle Verbindungen sind auf wechselseitige Bedürfnisse gegründet.« (Montesquieu 1782: 236) Und um die Gegenseite dieses Szenarios ganz deutlich zu machen, heißt es wenige Zeilen später: »Die gänzliche Abwesenheit des Handels hingegen bringt die Räuberey hervor.« (Montesquieu 1782: 237) So ging es den Begründern des Liberalismus also nicht nur darum zu zeigen, dass der Krieg ein Problem für den Handel darstellt, sondern auch und vor allem um die Überzeugung, dass der Handel eine Lösung für das Problem des Krieges sei.[8]

Parallel zu dieser ideengeschichtlichen Entwicklung verändert sich auch die Rolle von Gewalt im Alltag. Es kommt zu einem Rückgang solcher Gewaltformen, die von staatlicher Seite sanktioniert werden. Dies lässt sich beispielsweise an der langfristigen Entwicklung der Häufigkeit von Mordfällen ablesen (vgl. Chesnais 1981; Eisner 2001; siehe auch Eisner 2011). Damit verschwindet die Gewalt als soziale Praxis jedoch nicht. Sie bleibt vielmehr ein zentrales Instrument der Disziplinierung in staatlichen Institutionen wie Schule, Militär und Gefängnis oder auch in der Familie. Doch reduzieren sich die Horizonte des Handelns, in denen systematisch mit Gewalt gerechnet werden muss. Die Beilegung der Religionskriege im 17. und die Beendigung der Napoleonischen Kriege im frühen 19. Jahrhundert – kurz, die Formierung relativ stabiler Gewaltmonopole im Zuge der Konsolidierung der europäischen Nationalstaaten – hatten dafür die Grundlage geschaffen. So verliert Gewalt an Selbstverständlichkeit, und die relative Gewaltarmut der sozialen Ordnung wird – zumindest in den intellektuell prägenden bürgerlichen Milieus Westeuropas – zu einer Alltagserfahrung. Verstärkt wurde diese Dynamik dadurch, dass zur selben Zeit Entwicklungen auf dem Gebiet der Medizin im Allgemeinen und substanzielle Verbesserungen im Bereich der Hygiene im Besonderen dazu führten, dass nicht nur der gewaltsame Tod, sondern das Sterben an sich immer weniger alltäglich und allgegenwärtig wurden und stattdessen das menschliche Leben nie zuvor gekannte Wertschätzung erhielt (vgl. Ariès 1985). Vor diesem Hintergrund wurde die fortschreitende intellektuelle Delegitimierung von Gewalt zu einem Feld der kommunikativen Selbstvergewisserung moderner Gesellschaften. Es kam zur einer Dichotomisierung von Zivilisation und Barbarentum, die sich vor allem durch das systematische Vorkommen von Gewalthandeln – oder eben dessen Abwesenheit – unterschieden (siehe hierzu Joas/Knöbl 2008: 98-99). Gewalt gegen »Barbaren«, wie im Kolonialismus, blieb dagegen so lange legitim, wie die Kolonisierten als noch nicht »zivilisiert« galten. »Im Namen der Zivilisation« war die Gewalt nach wie vor gerechtfertigt. Die im späten 18. Jahrhundert aufkommenden Evolutionstheorien schienen diese Thesen naturwissenschaftlich zu stutzen.

Besonders deutlich lässt sich die fortschreitende Verdrängung der Gewalt aus dem modernen Selbst- und Weltverständnis an der dritten für die Formierung der Idee von der gewaltlosen Moderne relevanten Dimension ablesen, nämlich an der Entwicklung gewaltkritischer humanitärer Bewegungen: Ab dem späten 18. und beginnenden 19. Jahrhundert entstanden in verschiedenen Ländern Bewegungen und Organisationen, die sich der Ächtung der Gewalt verschrieben hatten. Prägend waren hier die frühen *Peace Societies* in Großbritannien und den USA, die schnell Nachahmer auf dem europäischen Kontinent fanden (siehe beispielsweise Cortright 2008), sowie die Abolitionismusbewegung (z.B. Ferrel 2006). Die Skandalisierung von Gewaltereignissen, wie beispielsweise bei der Aufdeckung der sogenannten Kongo-Gräuel (Hochschild 2000), spielte und spielt in der Arbeit dieser kriegs- und gewaltkritischen Organisationen eine zentrale Rolle. Im Jahre 1863 wurde mit dem *International Commitee of the Red Cross* die erste internationale Organisation überhaupt gegründet, die sich der Verteidigung humanitärer Prinzipien in bewaffneten Konflikten verschrieben hatte.[9] Aus diesen humanitären Bewegungen heraus wuchs ab dem späten 18. Jahrhundert das Bestreben, die Ächtung bestimmter staatlicher und zwischenstaatlicher Formen der Gewalt auch rechtlich zu kodifizieren. Mit der Kodifizierung eines allgemeinen Gewaltverbots in den internationalen Beziehungen in Artikel 2, Nummer 4 der Charta der Vereinten Nationen 1945 und der Allgemeinen Erklärung der Menschenrechte 1948 fand diese Entwicklung ihren vorläufigen Höhepunkt. Auch wenn Letztere selbst noch keinen völkerrechtlich verbindlichen Vertrag darstellte, wurde sie in den Folgejahren doch zum bis heute gültigen Referenzpunkt in der Erarbeitung rechtsverbindlicher internationaler Menschenrechtskonventionen.[10]

So wird mit der fortschreitenden Entwicklung moderner Gesellschaften Gewalt zunehmend unselbstverständlich: Zum einen wird sie diskursiv ausgegrenzt und skandalisiert, zum anderen verliert sie als konkrete Erfahrung an Bedeutung, jedenfalls was die Lebensrealität der gesellschaftlichen Eliten betrifft. So konsolidiert sich ab dem 19. Jahrhundert die Vorstellung, Gewaltlosigkeit sei ein kennzeichnendes Merkmal moderner Gesellschaften – mit der Konsequenz, dass die Gewalt im Nachdenken über die Moderne selbst keinen Ort hat. Das Gewaltproblem wird als gelöst unterstellt. Wo Gewalthandeln empirisch dennoch auftritt, wird es entweder in Semantiken des Anomischen ausgegrenzt und erscheint dann als Form der Devianz, als »Rückfall« in historisch eigentlich vorgängige Strukturen oder als Problem der *Anderen*, (noch) nicht Modernen, der Barbaren, was nach dieser bürgerlichen Auffassung die Gewalt gegen »undisziplinierte« Arbeiter einschloss. Oder aber es wurde und wird diskursiv verschleiert, indem absichtliches Verletzungshandeln entschieden nicht als Gewalt, sondern mit anderen Begriffen bezeichnet wird – beispielsweise als »Strafe«, als »Erziehungsmaßnahme« oder als »humanitäre Intervention«.

Die modernen Sozialwissenschaften sind selbst, wie oben geschildert, ein Kind der Moderne. Und so weicht die längste Zeit ihr Gewaltverständnis von dem der Gesellschaft kaum ab; vielmehr sind sie an dessen Produktion selbst beteiligt. Lange kannten sie Gewalt nur als gesellschaftlichen Störfall, historisches Relikt oder Problem anderer, eben nicht moderner Gesellschaften.

Dem *Gros* der sozialwissenschaftlichen Forschung zu Gewaltphänomenen ist also ein Impuls eigen, direkt zur Verbesserung der Verhältnisse beizutragen. Das passt zum Selbstverständnis der Moderne, dem sozialtheoretischen Erkenntnisfortschritt jedoch dient es nicht immer. Deshalb steckt die sozialtheoretisch orientierte Forschung zu kollektiver und im weitesten Sinne politischer Gewalt, einschließlich der des Staates, noch immer in den Kinderschuhen. Und obwohl in historischer Perspektive gewaltförmige soziale Prozesse treibend für die Formierung moderner staatlich verfasster Gesellschaften waren, wurde Gewalt in den großen gesellschaftstheoretischen Entwürfen des 20. Jahrhunderts kein eigenständiges Theorieelement, wie beispielsweise »Macht«, »Staat« oder »Recht«. Gewalt wird nicht als wissenschaftlich-sozialtheoretisches, sondern vor allem als gesellschaftlich-normatives Problem behandelt.

Obwohl diese Perspektive bis heute akademische wie nichtakademische Debatten dominiert, ist sie doch nicht unwidersprochen geblieben. Dabei wurde der liberale Mythos von der gewaltfreien Moderne von zwei Seiten ins Visier genommen, nämlich zum einen aus gesellschaftskritischer und zum Zweiten aus sozialtheoretischer Perspektive. Die *erste* Form des Widerspruchs entzündet sich an der Divergenz zwischen liberalem Denken und zeitgenössischen Lebensrealitäten und kam, formuliert durch die sozialistische Bewegung, bereits im 19. Jahrhundert auf. Den liberalen Denkern, die die befriedende Wirkung von arbeitsteilig organisierten Marktwirtschaften betont hatten, hielten Karl Marx und Friedrich Engels die mit diesen einhergehenden Konflikt- und Gewaltdynamiken entgegen. So betonte Marx, dass die ursprüngliche Kapitalakkumulation, also die Trennung der Produzenten von ihren Produktionsmitteln, ein empirisch außerordentlich gewaltsamer Prozess gewesen war (Marx 1962: 779). Und Engels erarbeitete die Grundzüge einer Theorie revolutionärer Gewalt, die notwendig ist, um das Ideal einer gerechten Gesellschaft zu verwirklichen (Engels 1985).

Die Grundstruktur des Marx'schen Widerspruchs gegen den Mythos von der gewaltfreien Moderne besteht also darin, die Orte der Gewalt in den auf den ersten Blick so friedlichen modernen Gesellschaften aufzuzeigen und somit auf die Exklusivität liberaler Lebensformen aufmerksam zu machen. Diese Form des Widerspruchs ist in der Folgezeit immer wieder formuliert worden. Allerdings wechselte der empirische Fokus: So wie Marx und Engels im ausgehenden 19. Jahrhundert die mit der Industrialisierung einhergehenden Zwangs- und Gewaltdynamiken denunziert hatten, machten Mitte des 20. Jahrhunderts die intellektuellen Anführer der Dekolonisierungsbewegung darauf aufmerksam, dass der Frieden in und zwischen den Kolonialstaaten mit dem Blut der Bewohner der Kolonien erkauft war (wegweisend hier Fanon 1966). In den USA machte die Bürgerrechtsbewegung deutlich, dass das liberale Paradies auf einer Ideologie der Rassenungleichheit und einer gewaltsam durchgesetzten Praxis der Rassendiskriminierung basierte. In den 1960er Jahren thematisierte die internationale Frauenbewegung die Tabuisierung von Gewalt gegen Frauen, insbesondere häuslicher Gewalt, nicht nur in sogenannten Entwicklungsländern, sondern auch im Herzen moderner Gesellschaften. In jüngerer Zeit wurde Gewalt gegen (potenzielle) Einwanderer – etwa an der US-amerikanisch-mexikanischen Grenze oder den Außengrenzen der Europäischen Union – in ähnlicher Perspektive diskutiert. Gemeinsam ist all diesen Fällen, dass hier Kritik am Mythos der gewaltfreien Moderne formuliert wird, die die Exklusionsdynamiken moderner Gesellschaften in den Vordergrund rückt. Dabei ist diese Kritik nicht Produkt akademischer Debatten im engeren Sinne, sondern steht im Kontext breiterer sozialer und politischer Bewegungen. Sie rückt die Belange jener Menschen in den Mittelpunkt, die an den Errungenschaften der Moderne im Allgemeinen und am Privileg eines weitgehend gewaltarmen Lebens im Besonderen nicht teilhaben (dürfen) und auf deren Kosten diese Fortschritte erzielt worden sind. Bisweilen – so im Fall der Unabhängigkeitsbewegung oder der Bürgerrechtsbewegung – mündet diese Kritik in eine Rechtfertigung revolutionärer Gewalt.

Neben dieser bereits früh aufgekommenen Kritik, die darauf zielt, die empirische Gewalthaltigkeit moderner, liberaler Gesellschaften aufzudecken, und die häufig Teil größerer gesellschaftskritischer Entwürfe ist, entwickelte sich Ende des 20. Jahrhundert eine *zweite* Form des Einspruchs gegen den Mythos der gewaltfreien Moderne. Im Zentrum steht hier nicht die Divergenz zwischen liberalen Idealen und empirischen Realitäten, sondern der Umgang mit Gewaltphänomenen in der sozialwissenschaftlichen Forschung und Theoriebildung. Insbesondere geht es um das Versagen der Gesellschaftstheorie, Gewalt anders denn als Anomie zu denken. Es beginnt also die Auseinandersetzung mit dem »paradoxen Gewaltverhältnis der Moderne« (Baecker 1996: 92), das durch die Koexistenz fortschreitender vehementer Delegitimierung von Gewalthandeln einerseits mit der gleichzeitigen, medial vermittelten Dauerpräsenz auch extremer Formen individueller und kollektiver Gewalt andererseits gekennzeichnet ist.

Ausgelöst und unterhalten wurde diese Debatte vor allem durch die Beschäftigung mit den Gewalterfahrungen des 20. Jahrhunderts. Die Auseinandersetzung mit dem Zweiten Weltkrieg und der nationalsozialistischen Vernichtungspolitik war dabei zunächst prägend. Erste wegweisende theoretische Impulse gingen hier von den Begründern der Kritischen Theorie der Frankfurter Schule, Theodor W. Adorno und Max Horkheimer, aus. In ihrer programmatischen Schrift *Dialektik der Aufklärung* (1981) diskutieren die beiden Autoren bereits 1944, und als würden sie spätere Entlastungsdiskurse antizipieren, die Gewaltexzesse der ersten Hälfte des 20. Jahrhunderts als konsequente Folge modern-aufgeklärten Denkens. Dieses Scheitern der Aufklärung an sich selbst wird für sie zum Ausgangspunkt eines neuen gesellschaftskritischen Projekts, in dessen Zentrum die Befreiung des Denkens aus den Verstrickungen der Herrschaft steht.

Für jüngere Debatten um die Rolle der Gewalt in modernen Gesellschaften und der Sozialtheorie wurde die erstmals 1989 veröffentlichte Arbeit *Modernity and the Holocaust* des polnisch-britischen Soziologen Zygmunt Bauman prägend. Ausgangspunkt der Studie ist eine Kritik an der Vernachlässigung und theoretischen Ausgrenzung von Krieg und Gewaltkonflikten in der klassischen Soziologie. Diese Blindheit der Soziologie für die systematische Rolle von Gewalt in der Formierung moderner Gesellschaften hatte, so Bauman, zur Folge, dass der Völkermord an den Juden nur als »Zivilisationsbruch« und »Rückfall« in die Barbarei verstanden werden konnte und somit die Modernität des Phänomens gänzlich unbeachtet blieb. Vor diesem Hintergrund macht Bauman sich daran, eine dezidiert soziologische Perspektive auf das Thema zu entwickeln, die den Zivilisationsbruch nicht voraussetzt, sondern – wie empirische Studien zu weniger belasteten Themen auch – nach der Relation von Struktur und Ereignis fragt, also nach dem empirischen Verhältnis von nationalsozialistischer Vernichtungspolitik und -praxis einerseits und bestehenden gesellschaftlichen Strukturen andererseits. Er arbeitet heraus, dass der Völkermord an den europäischen Juden und anderen Minderheiten eng verbunden war mit Vorstellungen und Praktiken moderner Staatlichkeit, ja durch diese erst ermöglicht wurde. Denn die Vernichtungspolitik der Nationalsozialisten war keineswegs ein archaisch-orgiastischer Gewaltexzess, sondern folgte einer instrumentellen Rationalität, in deren Zentrum die »Reinigung des Volkskörpers« stand. Darüber hinaus war das Töten industriell organisiert, von der Logistik der Transporte über die Organisation der Lager bis hin zu den Gaskammern selbst. Schließlich wurden all diese Prozesse bürokratisch verwaltet. So stellt die Schoah als empirisches Phänomen also keineswegs eine Negation von Aufklärung und Moderne dar, sondern wurde durch diese erst möglich.

Bereits zwei Jahre zuvor hatte der britisch-amerikanische Soziologe Michael Mann in einem Aufsatz auf die problematischen Konsequenzen aufmerksam gemacht, die sich durch die unreflektierte Übernahme zentraler Kategorien der Selbstbeschreibung moderner Gesellschaften gerade für das sozialwissenschaftliche Verständnis bewaffneter Konflikte ergaben. Indem die Soziologie »Klassen«, »Nationen« und »Staaten« als empirische Realitäten unterstellt, übernimmt sie auch die damit verbundenen Deutungs- und Legitimationsstrukturen, was sie kurzsichtig macht für die empirischen Dynamiken bewaffneter Konflikte (Mann

1987). Seit den 1980er Jahren arbeitet der Autor deshalb im Kontext einer soziologischen Geschichte der Macht an einer sozialtheoretischen Begriffssprache, die es erlaubt, die Funktion von bewaffneten Konflikten für die Emergenz und Reproduktion moderner Gesellschaften systematisch in den Blick zu nehmen (Mann 1986; Mann 1993).

Nach dem Ende des Kalten Krieges nahm die Diskussion dann nochmals Fahrt auf. Denn anders als von Friedensaktivisten erträumt, führte die Beilegung des Ost-West-Konfliktes keineswegs zum Ende der Gewalt. Stattdessen nahmen die bewaffneten Konflikte in der Welt zu. Im Jahr 1992 erreichte die Zahl der jährlich geführten Krieg ihren vorläufigen Höhepunkt. So gewann die Frage nach der Gewaltfreiheit der Moderne noch einmal an Brisanz.[11] Allerdings fällt der sozialtheoretische Ertrag dieser Debatten bescheiden aus. Sie erbrachten immer differenziertere Problemanalysen sowie programmatische Vorschläge für eine methodisch-theoretische Reorientierung (siehe beispielsweise Nedelmann 1997; Trotha 1997; Neckel/Schwab-Trapp 1999). Auch wurden bestehende sozialtheoretische Ansätze auf mögliche Beiträge zu einem solchen Projekt hin befragt (beispielsweise Joas 1997; Joas/Knöbl 2008). Die Versuche, die Forderungen nach einer neuen Theoretisierung der Gewalt tatsächlich umzusetzen, sind jedoch bis heute überschaubar. Hervorzuheben ist dabei neben den bereits erwähnten Beiträgen von Michael Mann Jan Philipp Reemtsmas 2008 erschienenes Buch *Vertrauen und Gewalt. Versuch über eine besondere Konstellation der Moderne*, auf das wir im vierten Kapitel ausführlicher eingehen werden.

Dennoch ist der Streit um die Frage, wie gewaltfrei moderne Gesellschaften denn nun tatsächlich seien, alles andere als beendet. Davon zeugte zuletzt die breite wissenschaftliche und außerwissenschaftliche Aufmerksamkeit für eine Studie des US-amerikanischen Evolutionspsychologen Steven Pinker mit dem beredten Titel *The better angels of our nature. The decline of violence in history and its causes* (Pinker 2011).[12] Methodisch wie theoretisch anknüpfend an Norbert Elias' Studie *Über den Prozeß der Zivilisation* (Elias 1976a, b) macht sich der Autor in diesem *opus magnum* daran, den Rückgang der Gewalt in der Menschheitsgeschichte zum einen empirisch zu belegen und zum anderen zu erklären. Dabei verbindet er sozialwissenschaftliche Analysen, beispielsweise über den Einfluss von Strukturen des Wissens und des Handelns auf die Wahrscheinlichkeit von Gewalthandeln, mit entwicklungspsychologischen Argumenten. Wissenschaftliche Überzeugungskraft gewinnt das Werk allerdings durch seine klare Zielsetzung. Denn, wie der Autor immer wieder betont, geht es ihm nicht darum, die Friedlichkeit der gegenwärtigen Welt zu behaupten, sondern den in einer extremen Langfristperspektive beobachtbaren empirischen Rückgang von Gewalt zu *verstehen*, um so beispielsweise frühzeitig Hinweise für eine Fragilisierung des Gewaltlosigkeitsprinzips auszumachen. Dennoch spiegelt das Buch einen gewissen Zeitgeist: »Pinkers Studie«, konstatierte beispielsweise der *Spiegel*, »ist eine leidenschaftliche Antithese zum verbreiteten Kulturpessimismus und dem Gefühl des moralischen Niedergangs der Moderne.« (Grolle/Leick 2011) So schnell, scheint es, werden moderne Gesellschaften von der Vorstellung ihrer eigenen Gewaltlosigkeit nicht lassen.

2.2 Zum Begriff der Gewalt

Dieser Abschnitt soll die besonderen Schwierigkeiten verständlich machen, die im Deutschen den Begriff der Gewalt umgeben. Sie haben mit der Wortgeschichte zu tun und sie üben bis heute eine nachhaltige Wirkung auf die Definitionsprobleme aus.

Jede Definition des Gewaltbegriffs stößt einerseits an Grenzen, die sich aus dem Gegenstand ergeben. Die Gewalt ist ubiquitär – und sie ist ausgesprochen mannigfaltig. Gewalt, verstanden als die absichtsvolle Verletzung von Körpern gegen Widerstand, ist ein historisch wie kulturell überall anzutreffendes Phänomen. In allen historischen Gesellschaften und in allen heutigen sozialen Kontexten kommt Gewalt vor. Allerdings wird diese nicht notwendig als Gewalt bezeichnet, sondern mit einer großen Bandbreite historisch wandelbarer Begriffe belegt. Dabei spielen jeweils gültige Rechtsformen und moralische Vorstellungen eine wesentliche Rolle. Was als Mord gilt und was als Totschlag, welche Verletzung der Integrität eines menschlichen Körpers als Gewalt betrachtet wird, auch das wandelt sich historisch, und dieser Wandel ist in der Geschichte der Begriffe erkennbar.

Auch in den Sozialwissenschaften gibt es keinen Konsens, welche Phänomene und Praktiken als Gewalt bezeichnet werden sollen, und die Bandbreite empirischer Phänomen, die unter diesem Stichwort diskutiert und analysiert werden, ist enorm. Die beiden Weltkriege, die Versuche, ganze Völker auszurotten, staatliche Repression und revolutionäre Gewalt gehören dazu ebenso wie das organisierte Verbrechen oder die häusliche Gewalt, die erst am Ende des 20. Jahrhunderts in den westlichen Gesellschaften nach einer langen politischen Debatte strafrechtlich relevant wurde. Denn was als Gewalt bezeichnet wird und was nicht, ist nicht nur eine wissenschaftliche Frage, sondern immer auch eine politische. In den Sozialwissenschaften wird stark um diesen Begriff gerungen, spätestens seit der norwegische Friedensforscher Johan Galtung 1969 den oben bereits erwähnten Begriff der »strukturellen Gewalt« in die Debatte einbrachte. Er wollte damit all jene Verhältnisse kennzeichnen, die verantwortlich dafür sind, dass Menschen an der Entfaltung der in ihnen angelegten Potenziale gehindert werden. Galtung wollte damit darauf hinweisen, dass massenhafte Unterernährung und mangelhafte Gesundheitsversorgung eine so starke Schädigung bedeuten, dass ein Gewaltbegriff, der diese Phänomene nicht thematisieren könne, unbrauchbar sei.

Ähnlich weit ging der französische Soziologie Pierre Bourdieu mit seinem Begriff der »symbolischen Gewalt«. Er verstand darunter »jede Macht, der es gelingt, Bedeutungen durchzusetzen und sie als legitim durchzusetzen, indem sie Kräfteverhältnisse verschleiert, die ihrer Kraft zugrunde liegen« (Bourdieu/Passeron 1973: 12). Aus einer ähnlichen Perspektive spricht die postkoloniale Theoretikerin Gayatri Spivak von »epistemischer Gewalt«, um herrschaftssichernde Wissensstrukturen, in diesem Falle die des Kolonialismus, kenntlich zu machen (Spivak 1988: 302). Die feministische Sozialtheoretikerin Judith Butler prägte den Begriff der »normativen Gewalt«, der auf jene gesellschaftlichen Normen verweist, die darüber entscheiden, wer als Akteur oder Subjekt überhaupt sichtbar werden und somit an gesellschaftlichen Debatten überhaupt teilnehmen kann – und wer davon ausgeschlossen ist (Butler 1990: xix-xx; siehe auch Lloyd 2007: 134-56). Auch die Anthropologen Nancy Scheper-Hughes und Philippe Bourgois (2003) haben in ihrer Anthologie von Texten zur Gewalt eine ähnliche Position wie Galtung und Bourdieu eingenommen. Sie sprechen von einem »Gewaltkontinuum«, zu dem physische Gewalt ebenso gehört wie der Zwang in Anstalten oder die Tolerierung des Hungertods.

Wie bereits in der Einleitung erwähnt, folgen wir in diesem Buch diesen Vorschlägen nicht. Natürlich sind Zwang, die Beeinträchtigung von Lebenschancen und die Tolerierung von vermeidbarem Leiden wichtige Themen. Aber sie lassen sich unserer Ansicht nach eher unter Begriffen wie Herrschaftsordnung oder Gerechtigkeit diskutieren denn als Gewaltphänomene. Dennoch sind diese Vorschläge für die hier interessierenden Theorien nicht ohne Relevanz. Denn sie weisen auf die Kontingenz des Gewaltbegriffs hin und machen die damit einhergehenden Skandalisierungspotenziale deutlich.

Die Geschichte des Wortes Gewalt ist komplex: Wie bei allen zentralen Begriffen der deutschen politisch-sozialen Sprache überlagern sich im Gewaltbegriff wenigstens zwei, wenn nicht mehr Bedeutungen. Die Begriffe und ihre Bedeutungen sind selbst historische Produkte, in die die Geschichte und ihre unterschiedlichen intellektuellen Verarbeitungen eingelagert sind. Das ist für den Gewaltbegriff auf wenigstens zwei Weisen bedeutsam.

Zum einen hat die Geschichte des Begriffs mit der Geschichte von Sprachen zu tun. Bis ins späte Mittelalter hat in der politischen Sprache Mitteleuropas das Lateinische ein Monopol. Erst danach wird seine Dominanz in den schriftlichen Quellen langsam vom Deutschen abgelöst, dessen Worte noch keine konstante Semantik aufweisen. Doch mit neuen sozialen Konflikten und veränderten politischen Verhältnissen schärfen sich auch langsam die Begriffe und ihre Gehalte. Im 18. Jahrhundert setzt sich im Raum des heutigen Deutschland das Deutsche als Amtssprache durch, und erst mit diesem Prozess wird Deutsch auch zur Theoriesprache, in der das Wort »Gewalt« einen Platz hat (Faber et al. 1982: 818). In der Geschichte des Wortes Gewalt, das dem althochdeutschen Substantiv »giwalt« entspringt, vermengten sich so über Jahrhunderte lateinische und lokale Bedeutungen. Mit dem Wort verbanden sich lange Zeit Semantiken von göttlicher Herrlichkeit und Macht sowie der rechtmäßigen Herrschaft (Faber et al. 1982: 835). Im Begriff der »Gewaltenteilung« kommt das noch stark zum Ausdruck. Das Wort ist im Deutschen also seit jeher mit Macht und Herrschaft konnotiert. Zugleich gibt es eine Bedeutungsebene, die auf willkürliche, unberechtigte Aneignung verweist.

Bedeutungsgehalte der lateinischen Staatssprache, nämlich die Unterscheidung von *violentia* und *potestas*, wirken im Begriff der Gewalt nach (siehe unten). Zu diesem Fortwirken der lateinischen Sprache kommen im Lauf der Jahrhunderte Einflüsse aus Theorien, die auf Englisch oder Französisch oder in anderen Sprachen formuliert und ins Deutsche übertragen wurden, ohne dass in diesen Sprachen die Bedeutungsgehalte der Begriffe konstant bleiben.

Seit dem Mittelalter bilden die Verständnisse der Gewalt als *potestas* im Sinne einer rechtmäßigen Verfügungsgewalt auf der einen Seite und als *violentia* im Sinne einer unrechtmäßigen Überwältigung oder Aneignung auf der anderen die Pole des Wortgebrauchs.[13] Das ist anders als etwa im Englischen oder Französischen, wo *violentia* als *violence* klar von *potestas* unterschieden ist und Letztere als *power* oder *pouvoir* eine davon getrennte Wortgeschichte entwickelte. Nur im Deutschen können sowohl der körperliche Angriff wie die Autorität eines Herrschers mit demselben Wort belegt werden.

Noch heute sind es diese beiden Traditionen von *violentia* und *potestas*, die die innere Spannung und damit das Schillernde des Begriffs ausmachen: Gewalt kann sowohl für legitim wie für illegitim gehalten werden. Für welches Urteil man sich entscheidet, hängt wohl in erster Linie von der eigenen politischen Zuordnung ab. Heute hat es vor allem eine delegitimierende Bedeutung, eine Handlung als Gewalt zu bezeichnen. Etwas als »gewaltig« zu benennen ist hingegen Ausdruck von Anerkennung, wenn nicht Respekt.

2.3 Abgrenzung zu anderen Begriffen

Jeder Gewaltbegriff hat das Problem, dass er von Begriffen umgeben ist, zu denen er eine semantische Nähe aufweist oder die bisweilen sogar mehr oder weniger synonym mit ihm verwendet werden. An verschiedenen Stellen dieser Einführung wird dies noch deutlich werden. Denn in der theoretischen Diskussion wurden die Begriffe auf unterschiedliche Weise zueinander ins Verhältnis gesetzt. Zur Orientierung und um in der Darstellung der Theorien ein konsistentes Vokabular zu verwenden, grenzen wir hier fünf Begriffe von dem oben definierten engen Gewaltbegriff ab: Macht, Zwang, Herrschaft, Aggression und Konflikt.[14]

Macht gilt in der bis heute einflussreichen, auf Max Weber zurückgehenden Tradition der Herrschaftssoziologie als der analytisch der Gewalt übergeordnete Begriff. Weber definiert Macht als »Chance, innerhalb einer sozialen Beziehung den eigenen Willen auch gegen Widerstreben durchzusetzen« (Weber 1985: 28). Zugespitzt versteht der bereits zitierte Soziologe Heinrich Popitz Macht als »das Vermögen, sich gegen fremde Kräfte durchzusetzen« (Popitz 1992: 22). Eine solche Definition macht vor allem deutlich, dass es neben der Gewalt noch viele andere Arten machtförmigen Handelns gibt. Der Zusammenschluss von Menschen zu einem Kollektiv, die Herstellung von Organisationsmacht zählen dazu, aber nach Popitz auch so etwas wie »datensetzende Macht«, also die Veränderung der materiellen Umwelt des Menschen. Diese Konzeptionalisierung von Gewalt als einer Machtform ist nicht ohne Widerspruch geblieben. Den bis heute prominentesten Einspruch formulierte Hannah Arendt, die Macht als Gegenbegriff zur Gewalt zu fassen versucht (siehe hierzu auch Anter 2012: Kap. 5 sowie Abschnitt 4.1 in diesem Band).

Wichtig scheint uns des Weiteren die Unterscheidung zwischen Gewalthandeln im von uns definierten Sinne einerseits und der bloßen Androhung einer solchen Handlung zur Ausübung von *Zwang* andererseits. Dabei soll diese Unterscheidung keineswegs die Auswirkungen einer glaubhaft formulierten Drohung verharmlosen. Insbesondere Analysen zum Thema Folter haben deutlich gemacht, welch verheerende psychische Effekte allein die Ankündigung spezifischer Gewalthandlungen und das Vorführen entsprechender Instrumente auf das Opfer haben können. Doch zeigt gerade auch dieses Forschungsgebiet, dass es für die Rekonstruktion und das Verständnis der infrage stehenden sozialen Prozesse sinnvoll ist, analytisch zwischen dem »Zeigen der Werkzeuge« und deren tatsächlicher Anwendung zu unterscheiden. In allen Kontexten, in denen die Androhung von Gewalt dazu dient, das potenzielle Opfer zu einer bestimmten Handlung zu bewegen oder davon abzubringen, ist der Begriff des Zwangs zur Beschreibung der Phänomene geeigneter. Denn neben der Gewaltdrohung sind noch weitaus mehr Formen von Zwang vorstellbar und zu beobachten. So ist Zwang beispielsweise auch durch die Begrenzung von Handlungsalternativen möglich oder durch die Ausnutzung psychischer Mechanismen.

Herrschaft ist hingegen auf Dauer gestellte Macht, wie es Max Weber formulierte. Von Popitz wird Herrschaft als »positionalisierte Macht« definiert, womit gemeint sein soll, dass es nicht mehr auf konkrete Personen ankommt, die bestimmte Positionen innehaben, sondern eben auf diese Positionen, die an sich Geltung haben, auf Hierarchien, die schon eingeübt sind. Max Weber spricht von Formen »legitimer Herrschaft« und meint damit, dass Herrschende und Beherrschte an die Geltung der Ordnung glauben und ihre Berechtigung nicht bezweifeln. Wie wir am Fall der Staatstheorien im dritten Kapitel zeigen wollen, schließt die heutige Standardvorstellung staatlicher Herrschaft etwa den legitimen Gebrauch physischer Gewalt mit ein. Der Begriff der Herrschaft führt das alte Gewaltverständnis als *potestas* mit sich, wie dies in der deutschen juristischen Sprache seit Georg Jellineks *Allgemeiner Staatslehre* (1900) im Begriff der »Staatsgewalt« zum Ausdruck kommt. Dass Staaten auch gewaltsam agieren und dass auch die legitimste politische Herrschaft immer auf Gewaltmaßnahmen zurückgegriffen hat, all dies hat den Herrschaftsbegriff in die Nähe der Gewalt gerückt. Im Ausdruck »Gewaltherrschaft« zeigt sich dieser kritische Vorwurf. Folgt man jedoch Max Weber und Heinrich Popitz, dann ist Herrschaft »legitime Macht«, und ihr besonderes Kennzeichen ist eben, dass die Gewalt als Hintergrundbedingung mehr oder weniger vergessen wird: Der Gehorsam ist eingeübt, die Macht ist institutionalisiert. Um solche Phänomene politischer Herrschaft, des Gehorsams oder der freiwilligen Regelbefolgung von durch Zwang oder Gewalt herbeigeführter Regelbefolgung unterscheiden zu können, ist es sinnvoll, Gewalt und Herrschaft nicht synonym zu verwenden.

Ähnlich ist es mit dem Begriff der *Aggression*. Anders als die bisher diskutierten Begriffe gehört Aggression nicht zum traditionellen Begriffsrepertoire politischen und sozialtheoretischen Denkens, sondern spielt vor allem in der evolutionspsychologischen und neurowissenschaftlichen Forschungstradition eine Rolle. Er verweist auf feindselig-angreifende Verhaltensmuster und auf damit in Zusammenhang stehende emotionale und physiologische Zustände, deren entwicklungsgeschichtliche Bedeutung in der Bewältigung existenziell bedrohlicher Situationen liegt.[15] Wie bei den bisher diskutierten Begriffen gilt auch hier, dass Aggression in Gewaltdynamiken eine wichtige Rolle spielen kann; notwendig ist dies jedoch keinesfalls: Die Tötung aus der Distanz, die für die moderne Kriegführung charakteristisch ist, entkoppelt zum Beispiel die emotionale Motivation von der Ausübung von Gewalt. Gewalthandeln mit Aggression gleichzusetzen heißt letztlich, menschliches Verhalten auf seine animalischen Aspekte zu reduzieren (vgl. Vautrelle 2009: 26). So verbaut eine solche Perspektive das Verständnis gerade derjenigen Gewaltphänomene, die in der Geschichte des 20. Jahrhunderts oder in der Gegenwart besonders bedrückend sind, nämlich die Verletzung von Körpern oder das Töten von Menschen durch bürokratisch organisierte Apparate und Techniken.

Abzugrenzen ist der Gewaltbegriff schließlich auch von dem des *Konflikts.* Gerade das politikwissenschaftliche Denken tendiert dazu, das empirische Vorkommen von Gewalt notwendig mit dem Vorliegen eines Konfliktes zu verbinden. Allerdings zeigt hier ein Blick gerade in jüngere soziologische Forschung, dass diese Unterstellung bisweilen unzutreffend ist. Dies gilt beispielsweise dort, wo Kämpfe oder andere Gewalthandlungen eine von allen Mitgliedern anerkannte Praxis innerhalb einer bestimmten Subkultur sind – man denke beispielsweise an gewaltsame Auseinandersetzungen zwischen sogenannten Fußball-Ultras. Die Soziologin Katharina Inhetveen hat für solche Phänomene den Begriff der »geselligen Gewalt« geprägt (Inhetveen 1997). Ein anderes Beispiel ist Gewalt, die der performativen Reproduktion und Affirmation bestimmter sozialer Rollen oder Positionen dient, wie es beispielsweise der Soziologe Michael Meuser für Gewalthandeln in einer Logik des *doing masculinity* herausgearbeitet hat (Meuser 2002).

2.4 Die umstrittene Legitimität des Gewaltmonopols

Die doppelte Bedeutung des Begriffs der Gewalt, in der die beiden römischen Begriffe der *violentia* und der *potestas* mitschwingen, spielt vor allem für die alltägliche und die theoretische Behandlung politischer Gewalt eine Rolle. Der Ausdruck politische Gewalt bezeichnet solche Gewaltpraktiken, die auf die Veränderung sozialer und politischer Ordnung oder auf die Eroberung von Machtpositionen zielen. Gerade diese Gewalt ist immer umstritten, und in diesem Streit geht es um die Legitimität der sichtbar werdenden Gewalt.

An einem zentralen Thema der politischen Theorie, dem Staat, wird dies besonders deutlich: Mit der Monopolisierung des legitimen Gewaltgebrauchs durch den absolutistischen Staat in Europa ist dort ein besonderes, »unselbstverständliches« Verhältnis zur Gewalt entstanden (Trotha 2000). Aus juristischer Sicht, aus der Sicht des staatlichen Rechts, gilt nur die Gewalt als legitim, die durch den Staat ausgeübt wird. Politische Gewalt gegen den Staat ist dagegen nicht legitim.

In der Geschichte der europäischen Staaten zeigt sich dagegen, wie stark diese juristische Setzung umstritten geblieben ist. Zunächst einmal ist die Durchsetzung von Staatlichkeit, wie wir sie heute verstehen, historisch selbst ein gewaltsamer Prozess gewesen. Dann haben die Gewaltexzesse, die im Namen von Staaten begangen wurden, bei vielen Zweifel an der »Heiligkeit« des staatlichen Gewaltmonopols entstehen lassen. Diese Frage, ob die Gewalt des Staates eher als *potestas* oder als *violentia* aufzufassen ist, wird an verschiedenen Stellen des Bandes noch einmal auftauchen, unter anderem auch am Ende, wenn wir die gegenwärtige Diskussion über die Legitimität der Gewalt militärischer Interventionen aufgreifen.

Man kann die Zentralität des staatlichen Gewaltmonopols aber auch noch aus empirischen Gründen hinterfragen. Denn während es für alle staatlichen Sicherheitsapparate aus institutionellem Eigeninteresse rational ist, sowohl den innerstaatlichen wie den internationalen Frieden als ein Ergebnis ihrer Existenz und Wirkung herauszustellen, werden in den Sozialwissenschaften auch alternative Erklärungen diskutiert. Der innerstaatliche Frieden kann etwa auch als Ergebnis anderer Instanzen sozialer Kontrolle wie familiärer oder nachbarschaftlicher Beziehungen erklärt werden. Auch Gesellschaften »ohne Staat« sind nicht dauernd im Bürgerkrieg. Und für den Befund zwischenstaatlichen Friedens, etwa zwischen den Staaten Europas seit 1945, hat die Disziplin der Internationalen Beziehungen viele Thesen entwickelt. Sie reichen von der liberalen Auffassung der Lernfähigkeit politischer Systeme bis zum an Marx angelehnten Argument von der Dysfunktionalität der Gewalt im entfalteten Kapitalismus.

Unzweifelhaft ist, dass das staatliche Gewaltmonopol nicht unwidersprochen geblieben ist. Revolutionen und Bürgerkriege sind sicher die prominentesten Fälle der Infragestellung des Gewaltmonopols, aber sie sind vergleichsweise seltene Ereignisse. Terroristische Anschläge oder die Einschüchterung politischer Gegner mit Gewalt sind weitaus häufiger und zeigen an, dass politische Gewalt nach wie vor ein weit verbreitetes Phänomen ist. Während die Welt formal in Staaten aufgeteilt ist, ist also das staatliche Gewaltmonopol keineswegs global durchgesetzt. Politische und kriminelle Gewalt fordern es in nahezu jedem Staat der Gegenwart ständig heraus. Und nicht überall, wo das Gewaltmonopol existiert, wird es politisch oder gar demokratisch kontrolliert. Die staatliche Gewalt kann ebenso ausufern, so dass Paramilitärs, Todesschwadronen und Militärs an der gewaltsamen Verfolgung der eigenen Bevölkerung teilnehmen, meist ohne rechtliche Grundlage und ohne sanktioniert zu werden. In solchen Situationen wird die Fragwürdigkeit einer Heiligsprechung des staatlichen Gewaltmonopols sinnfällig: Der Widerstand, der sich gegen die Gewalt staatlicher Akteure richtet, hat dann in den Augen der meisten Beobachter mehr Legitimität als die staatliche Gewalt selbst.

Wir werden auf diese Legitimitätsfrage staatlicher Gewalt an mehreren Stellen in diesem Band zurückkommen. Denn die Frage der »legitimen Ordnung«, die ein Kernbegriff der politischen Soziologie Max Webers ist, bildet gewissermaßen den Dreh- und

Angelpunkt dieses Bandes. Das »Gewaltproblem«, so wie es in den Sozialwissenschaften diskutiert wird, ist keineswegs nur in Staaten beobachtbar: Wie können Gesellschaften die immer verfügbare physische Gewalt so kontrollieren, dass die Kontrolleure der Gewalt nicht ihrerseits eine Gewaltherrschaft ausüben können? Offenbar ist dies nur möglich, wenn die Gewaltkontrolleure sich selbst einer legitimen Herrschaft, der des Volkes oder wenigstens des Gesetzes, unterwerfen. Die Legitimität ist damit so etwas wie der politische Gegenbegriff zu dem der Gewalt.

Deshalb wenden wir uns im Folgenden zunächst jenen Theorien zu, die das Legitimitätsproblem der Gewalt diskutieren. Für die bis heute einflussreichen Positionen stellen das Vordringen rechtlicher Denkformen und des staatlichen Gewaltmonopols als Ordnungsform zentrale Orientierungspunkte dar. Doch ließ die Kritik an der Vorstellung vom Staat als Lösung des Gewaltproblems nicht lange auf sich warten. Auch diese werden wir im folgenden Kapitel darstellen.

3. Rechtfertigung und Kritik der Gewalt

Das Problem der Gewalt lässt sich sozialwissenschaftlich, wie oben ausgeführt, auf zweierlei Weise auffassen: Es ist zum einen ein Problem, das sich in jeder Gesellschaft stellt, nämlich wie die Gewalt zu organisieren und gleichzeitig zu begrenzen ist. Und es ist zugleich ein normatives Problem, weil jeder Versuch der Einhegung der Gewalt die Frage aufwirft, wie sich diese Gewaltordnungen normativ begründen lassen. In diesem Kapitel geht es um solche normativen Theorien, mit denen Gründe für bestimmte Gewaltordnungen entwickelt wurden.

Im Mittelpunkt dieser theoretischen Auseinandersetzungen steht seit langem der Staat. In unserer Gegenwart ist der Gebrauch der Gewalt zur Durchsetzung jedweder Zwecke illegitim. So scheint es jedenfalls. Tatsächlich, so würden viele Theoretikerinnen der Politik und viele Sozialtheoretiker sagen, ist die Gewalt nur zurückgezogen, gleichsam eingelagert in die Apparate des Staates, der sich eine Gewaltkompetenz, etwa in der Polizei und im Militär, vorbehält, um jederzeit auf gewaltsame Herausforderungen reagieren zu können und auch um dort Zwang auszuüben, wo die gewünschte Ordnung, der gesellschaftliche Frieden etwa, die Rechtsordnung oder die Demokratie, in Gefahr sind. Dies ist die gängigste Begründung von Gewalt in unserer Gegenwart – der Gebrauch der Gewalt zur Gefahrenabwehr durch staatliche Organe.

Die gesamte Staatstheorie beruht auf dieser oder ähnlichen Ideen. Aber ist der Staat wirklich die Lösung des Gewaltproblems, wie es konservative und liberale Staatstheorien seit Hobbes behaupten? Oder ist er nur eine Herrschaftsform unter vielen, die bestimmte Personenkreise privilegiert, welche ihre Chancen nur über den Staat gewaltsam absichern? An der Frage nach der Begründung staatlicher Herrschaft hat sich die Diskussion über die Rolle und Berechtigung politischer Gewalt seit der europäischen Frühen Neuzeit, also etwa seit der Reformation, gespalten.

In diesem Kapitel werden deshalb zunächst an ein paar ausgewählten Autoren die wichtigsten Begründungen für die staatliche Gewalt aufgeführt (3.1), bevor in einem zweiten Abschnitt die Kritik an dieser Begründung staatlicher Gewalt behandelt wird (3.2). In diesen beiden Abschnitten geht es vor allem um »innere« Verhältnisse eines Staates, der für uns zu einer umfassenden Gliederungsidee der politischen Welt geworden ist. Dabei kann nur eine kleine Auswahl an klassischen Autoren berücksichtigt werden. Wir beschränken uns auf Jean Bodin, Thomas Hobbes, John Locke und Immanuel Kant für die Frühe Neuzeit. Für das 20. Jahrhundert werden die Positionen von Carl Schmitt und Hermann Heller vorgestellt, weil sich an ihnen das autoritäre Staatsverständnis und das des modernen Rechtsstaats anschaulich zeigen lassen.

An der Begründung der staatlichen Gewalt hat es immer Kritik gegeben, die wir im Abschnitt 3.2 näher vorstellen. Die Frage des Widerstandsrechts wird dabei ebenso behandelt wie Marx' Kritik am bürgerlichen Staat und seinem Herrschaftsanspruch. Zeitgleich mit der Herausbildung der modernen europäischen Staaten entwickelte sich aber auch ein internationales System von Staaten, in dem sich die Frage nach der Berechtigung der Gewalt ebenso stellte. Deshalb stellen wir in Abschnitt 3.3 drei Theorien oder Strömungen vor, welche die Anwendung staatlicher Gewalt nach außen, also die Ausübung kriegerischer Gewalt, normativ begründen. Das sind die Theorien des gerechten Krieges, die Entwicklung des völkerrechtlichen Denkens und die Theorieschule des »Realismus«, einer der prominentesten Theorien internationaler Politik. Auch auf die Begründung kriegerischer Gewalt gab und gibt es eine kritische Reaktion, in Gestalt des Pazifismus (3.4).

Der Staatsbegriff des Soziologen Max Weber, für den die Idee des legitimen Gewaltmonopols zentral ist, kann hier einleitend als Ausgangspunkt dafür dienen, die wesentlichen Stationen der Staatstheorie zu beleuchten, für die die Frage der Gewalt ein Gründungsthema ist. Denn was bei Max Weber als eine nüchterne Soziologie staatlicher Herrschaft auftritt, wird für die politische Theorie ein Begründungsproblem: Wer ist wann berechtigt, Gewalt auszuüben? Wie kann man den Gewaltgebrauch legitimieren, und wo findet er seine Grenze?

Der historische Hintergrund dieser Fragen ist in Europa der jahrhundertelange Schrecken der Kriege zwischen Staaten und der Bürgerkriege, die in der Frühen Neuzeit besonders heftig und häufig waren. Die Versuche der Ordnung, die auf Gewalt, auf Sieg und Niederlage, aber auch oft auf Verhandlung und Kooperation zurückgehen, münden in die Formen von Staatlichkeit, wie sie die europäische Geschichte seit dem 19. Jahrhundert prägen. Die politische Theorie des Staates reflektiert diese Effekte der Gewalt und sie versucht neue Begründungen für Ordnungen zu entwickeln. Um das Problem der Begründung der Gewalt nach dem Ende übergreifender religiöser Ordnungen, also um die Frage, welche Gewalt legitim ist und welche nicht, dreht sich die Staatstheorie also vom Anfang bis zum Ende. Im Grunde ist sogar noch die Soziologie des Staates, wie Max Weber sie vorgelegt hat, eine soziologische Fassung dieser Theorien, die den Staat zentral setzen.

3.1 Zur Rechtfertigung der Staatsgewalt

Am Beispiel der Staatssoziologie Max Webers lässt sich am besten aufzeigen, wie der fundamentale Zusammenhang von Staat und Gewalt für die gesamte Diskussion des Staates spätestens im 20. Jahrhundert prägend geworden ist. Max Webers Denken über den Staat steht nämlich am Kreuzpunkt unterschiedlicher Disziplinen. Weber war gelernter Jurist, dachte historisch, und er war einer der Gründer der Anfang des 20. Jahrhunderts entstehenden Disziplin der Soziologie. Zugleich war er ein politischer und politisch denkender Mensch. Seine Werke sprechen deshalb bis heute sowohl zu Juristen, Historikern, Soziologen und Politikwissenschaftlern. Das Problem der Gewalt wird in all diesen Disziplinen in unterschiedlichen Theorien über den Staat diskutiert. Deshalb ist Max Webers Beitrag ein besonders guter Ausgangspunkt.

Dass Politik und Gewalt eng verbunden sind, ist natürlich ein altes Thema des politischen Denkens. Dass aber dem Staat in der »Verwaltung« der Gewalt eine besondere Rolle zukommen sollte, das ist eine eher jüngere Figur des politischen Denkens, die bei Max Weber schließlich in die bis heute einflussreichste Definition des Staates Eingang fand. Darin spielt die Gewalt eine begründende Rolle: »Der Staat ist diejenige menschliche Gemeinschaft, welche innerhalb eines bestimmten Gebietes – dies: das Gebiet, gehört zum Merkmal – das Monopol legitimer physischer Gewaltsamkeit für sich (mit Erfolg) beansprucht.« (Weber 1985: 822)

An dieser Definition lassen sich die wesentlichen Punkte einer langen Diskussion über den Staat und seine Gewaltkompetenz aufzeigen. Zunächst ist Weber wie viele nach und vor ihm der Auffassung, dass die Frage politischer Organisation mit der Frage der Gewalt eng zusammenhängt. Nicht nur in seiner Staatsdefinition »begründet« die Gewalt den Staat. Sondern Max Weber geht dabei von einem universellen Zusammenhang aus: »Alle politischen Gebilde sind Gewaltgebilde.« (Weber 1985: 520) Die gesamte politische Geschichte ist für Weber eine Geschichte der Gewalt. Der »Keim des Staates« liege bereits in den freien Gelegenheitsvergesellschaftungen von Beutelustigen zu einem Kriegszug beziehungsweise in der organisierten Abwehr durch die Bedrohten (1988a: 451).

Die Anwendungsgrenze der Gewalt, oder genauer die Grenze ihres legitimen Einsatzes, ist für Weber jeweils die Grenze des politischen Gebildes. Entsprechend lassen sich die »Entwicklungsstadien politischer Vergesellschaftung« (Weber 1985: 516) unterscheiden, über die gleichsam die Verschiebung dieser Grenze Auskunft gibt. Immer dort, wo der legitime Gebrauch der Gewalt durch die politische Herrschaft infrage gestellt wird, ist die Grenze dieser Herrschaft. Heute ist das staatliche Gewaltmonopol eine quasi universelle Vorstellung, der zufolge die Welt aus Staaten besteht, die allesamt ein Gewaltmonopol für ihr Gebiet innehaben oder doch innehaben sollten. Was sich in dieser Norm ausprägt, ist von Max Weber aber ganz empirisch, als historische Beobachtung gemeint: Der historische Prozess, den wir in Europa und in anderen Erdteilen beobachten, ist die Tendenz hin zu einer Monopolisierung des Gewaltgebrauchs durch eine Organisation, die sich Staat nennt.

Webers Analysen und seiner theoretischen Konzentration des Staatsbegriffs ist gelegentlich eine »Gewaltfixierung« vorgeworfen worden (Heller 1983: 203). Diese Auffassung hat ihren Grund sicher in der stark konfliktorientierten Auffassung von Politik bei Weber. Politik ist Kampf um Macht, und die Art, wie diese Konflikte ausgetragen werden, reicht von hochorganisierten Verhandlungen bis hin zur Anwendung von Gewalt (1988a: 463). Weber hatte zudem ein klares Bewusstsein davon, dass alle Formen politischer Organisation auch den Gebrauch von Gewaltmitteln umfassen (1988a: 466).

Ob diese zentrale Setzung der Gewalt in Webers Theorie der Politik wirklich übertrieben ist, darüber kann man angesichts der Gewaltphänomene, die mit staatlicher Herrschaft auch in der Moderne verbunden sind, streiten. Ein Apologet der Gewalt des Staates ist Max Weber jedenfalls nicht, auch kein Apologet des Staates selbst.[16] Die ungeheure Gewalt des Staates ist ihm als Zeitgenossen des Ersten Weltkriegs klar vor Augen getreten, ebenso wie die Grausamkeit des Krieges und die Sinnlosigkeit des Todes im Massenkrieg. Gerade weil er sinnlos sei, müsse, so Weber, zu seiner Rechtfertigung ein besonderer Aufwand betrieben werden. Der Tod im modernen Krieg stehe eben in besonders starkem Kontrast zum Ideal des Opfers im Sinne einer Brüderlichkeitsethik. Für Weber steht jede Politik unter einem pragmatischen Gesetz, dem zufolge Gewalt immer Gegengewalt hervorrufe (1988b: 547 f.). Besonders der Krieg sei eine Quelle von Pathos, Gefühl und Gemeinschaftsvorstellungen, was die besondere politische Wirkmächtigkeit der Gewalt noch einmal aufzeige. Und auch die Zusammenhänge von Religion und politischer Gewalt sind Weber nicht unbekannt geblieben: Besonders starke religiöse Überzeugungen könnten revolutionär wirken, weil sie unter Umständen eine »Pflicht zum Glaubenskrieg« hervorriefen, die besonders mobilisierend wirkt (1988b: 553).

Während Weber also alle politischen Gebilde für Gewaltgebilde hält, so unterscheidet er doch unterschiedliche Grade und Formen, in denen diese Gewalt der Politik nach außen hin expansiv wird (1985: 520). Nur in wenigen Bemerkungen wendet sich Weber etwa dem Imperialismus zu, den er in seiner modernen Form im Ersten Weltkrieg kulminieren sah. Seine Analyse des Imperialismus ist kurz. Aber sie zeigt das kritisch-soziologische Potenzial, das andere Autoren wie Joseph Schumpeter (1919) oder Anthony Giddens (1987) aufgegriffen haben. Dabei ist seiner Ansicht nach weniger ökonomisches Interesse für die Expansionsneigung von Staaten verantwortlich als die »Prestigeprätention«, die besonders große politische Gemeinschaften, also große Staaten auszeichne. Noch aufgeladen durch das »Pathos« der Nation (1985: 527) habe dieses Prestigestreben der Staaten einen »sehr fühlbaren Einschlag in die Entstehung von Kriegen« gehabt (1985: 520).[17]

Wir haben Webers Staatsdefinition und seine Aussagen zur Gewalt hier vorangestellt, weil sie den Blick auf den zentralen historischen Vorgang für die Diskussion um die Begründung der Gewalt lenken: auf die Verstaatlichung der Welt. Das ist zunächst ein historisch-realer Vorgang. Wie wir an den staatstheoretischen Diskussionen in diesem Abschnitt zeigen wollen, wird der Staat als politische Form aus dem Gewaltproblem begründet. Das staatliche Gewaltmonopol gilt als Antwort auf die Frage, wie Menschen, die alle zur Gewalt fähig sind, geordnet miteinander leben können.

In einem zweiten Sinn wird mit der Figur des staatlichen Gewaltmonopols die Gewalt begründet, die der Staat ausübt: Wenn und insofern also die staatliche Herrschaft legitim ist, ist auch die Gewalt berechtigt, die in ihrem Namen ausgeübt wird. Dies sind die tragenden Ideen der heute global dominanten Vorstellung des Staates.

Natürlich erschöpft sich Max Webers soziologische Theorie des Staates nicht in der Idee des Gewaltmonopols. Die Handlungslogik der »Staatsräson« und die politische Formierung des Raumes als Territorium gehören ebenso dazu. Damit hat Max Weber auf die berühmte »Drei-Elementelehre« des Juristen Georg Jellinek zurückgegriffen, der zufolge ein Staat juristisch als Einheit aus Staatsgebiet, Staatsvolk und Staatsgewalt aufzufassen sei (Jellinek 1900). Bis heute ist dies die in Deutschland wie auch im Völkerrecht dominante juristische Auffassung des Staates. Im Folgenden werden wir näher vorstellen, wie die Staats-»gewalt« in der Theorie begründet wird. An vier Autoren, Jean Bodin, Thomas Hobbes, John Locke und Immanuel Kant, lassen sich die zentralen Argumente einer Begründung der staatlichen Gewalt beispielhaft zeigen. Souveränität – Vertrag – rationales Recht, auf diese drei Elemente lassen sich zentrale Argumente zur Begründung staatlicher Gewalt komprimieren. Ihnen allen ist gemein, dass sie an die Vernünftigkeit ihrer Argumentation glauben, also daran, dass jedes vernunftbegabte Wesen ihnen zustimmen muss. Darin soll gegenüber der »bloß geglaubten« religiösen Ordnung die besondere Überzeugungskraft der neuzeitlichen Staatstheorie liegen.

Der erste dieser Autoren ist Jean Bodin (1530–1596). Er systematisierte die Idee der Souveränität als einer allem übergeordneten Herrschergewalt. Seine Theorie der Souveränität, die als Begründung des Absolutismus gelesen werden kann, ist Teil einer breiten intellektuellen Debatte im 16. Jahrhundert, die vor dem Hintergrund realer Veränderungen entbrannte. Frankreich, damals das bevölkerungsreichste Land Europas, war durch zunehmenden Handel und Geldverkehr zu einer dynamischen Gesellschaft geworden, in der neue soziale Konflikte aufbrachen. Die Reformation bot den symbolischen Rahmen, um Widerstand gegen die alte Ordnung zu formulieren. Der sich entlang religiöser Linien formierende Konflikt führte zu Jahrzehnten des Bürgerkriegs, deren grausamer Höhepunkt die Pogrome von 1572 waren, denen Tausende von Menschen zum Opfer fielen.

Jean Bodin formulierte eine Theorie, die eine Antwort auf diese tiefe Krise bieten sollte: Um den Bürgerkrieg zu vermeiden, bedarf es einer zentralisierten Gewalt, eines Souveräns. Seine *Sechs Bücher über den Staat* von 1576 sind zwar nicht frei von religiösen Bezügen, aber es überwiegen säkulare normative und empirische Argumente, mit denen Bodin die Souveränität des Königs als herrschaftslegitimierende Kategorie entwickelt. In Analogie zur häuslichen Gewalt verbindet Bodin darin in der Figur des königlichen Souveräns Fürsorgepflicht und Befehlsgewalt.[18]

Der Souverän ist in jedem Staat der höchste Ort der Entscheidung, er hat uneingeschränkte Gesetzgebungskompetenz und entscheidet über Krieg und Frieden. Mit dem Begriff der Souveränität systematisiert Bodin erstmals die Idee des modernen Staates, indem er ein grundlegendes Prinzip formuliert, das als »Staatsgewalt« bis in die heutige juristische Sprache fortlebt: Statt religiöser Begründungen wird ein intellektuell, rational nachvollziehbares grundlegendes Prinzip der Begründung politischer Ordnung konstruiert, aus dem weitere Rechtsprinzipien und dann ganze Rechtsordnungen ableitbar werden. Diese Rechtsordnung soll die Konflikte regeln können, die sonst gewaltsam ausgetragen würden und unkontrollierbare Eigendynamiken entwickelten.

Auch Thomas Hobbes (1588–1679) geht von der Idee eines Souveräns aus, aber er begründet ihn mit neuen Argumenten. Die Erfahrungen des englischen Bürgerkriegs (1642–1649) gelten gemeinhin als der realgeschichtliche Hintergrund der Konzeption des Staates, die Hobbes mit seinem *Leviathan* von 1651 vorgelegt hat. Hobbes begründet ebenfalls einen souveränen Herrscher, aber einen, der gegenüber jenem Bodins, Lockes oder Kants fast unüberwindbar erscheint. Sein Ausgangspunkt ist eine negative Anthropologie – Menschen sind egoistisch, nur an ihrem eigenen Wohlergehen und ihrer eigenen Ehre interessiert. Unter den naturgegebenen Knappheitsbedingungen führt das unausweichlich zu Konkurrenz, und deshalb herrscht der latente oder offene Bürgerkrieg. Der »Krieg aller gegen alle« ist die bekannte Hobbes'sche Figur der Staatsbegründung. In diesem negativen

Menschenbild ist bei Hobbes letztlich die Begründung des Staates zu suchen: Die Furcht vor dem latenten Bürgerkrieg zwingt die vernunftbegabten Menschen, sich einer Autorität unterzuordnen, die sie dann als Staat anerkennen. Der Leviathan hat so eine ganz rationale Begründung.

Die Konstruktion dieser Herrschaft ist bei Hobbes vertragsförmig: Um Sicherheit zu finden, so Hobbes, müssen die Menschen in einem Vertrag das Recht zur Gewaltausübung an den Leviathan delegieren und sich diesem zugleich unterwerfen. Dieser Tausch »Schutz gegen Gehorsam« ist laut Hobbes deshalb nötig, weil sonst unweigerlich Bürgerkrieg herrschen würde. Ein solcher Leviathan ist der Souverän – von Hobbes idealerweise als Monarch gedacht, er entscheidet allein über Krieg und Frieden nach außen und über den Gebrauch der Gewalt nach innen. Und er ist nach innen auch die einzige Rechtsquelle.

Hobbes' Modell des Staates ist rigoros: Einmal vertraglich vereinbart, haben die ihm unterworfenen Bürger keine Kontrolle mehr über den Leviathan. Das Risiko, an einen korrupten und selbstsüchtigen Herrscher zu geraten, schien Hobbes geringer als eine Gewaltenteilung, wie sie etwa Locke, Montesquieu und Kant vorschlagen sollten. Denn eine geteilte Souveränität kann es nach Hobbes' kategorischer Staatskonzeption nicht geben. Dann stünde wieder Gewalt gegen Gewalt.

Auch ein Widerstandsrecht der Bürger kann es bei Hobbes nur in einem einzigen Fall geben. Erst wenn der Leviathan in seiner Schutzfunktion versagt, könnten die Bürger den Schutz eines anderen Herrschers in Anspruch nehmen und ihren alten Herrn verlassen. Denn der Vertrag beinhalte ja eine Gehorsamsleistung gegen Schutz: Wenn der Leviathan keinen Schutz mehr gewähren könne, sei man ihm auch keinen Gehorsam mehr schuldig.

Der Leviathan ist also eine rationale Konstruktion. Hobbes' Staatstheorie ist insofern modern, als sie, um mit Max Weber zu sprechen, rein zweckrational argumentiert. Hobbes' Menschen handeln wie rein nutzenorientierte Wirtschaftssubjekte, und sein Staat ist eine rein nützlich gedachte, rationale Konstruktion.

Die Position Hobbes' ist bis heute umstritten geblieben – ist er ein Denker des Rechtsstaates, weil er die königliche Gewalt auf einem Vertrag basieren lässt und einen Rechtszustand überhaupt erst einführt? Oder ist er ein Wegbereiter autoritärer Herrschaft, weil er eine Einschränkung staatlicher Gewalt nicht duldet, solange der Staat seiner Schutzfunktion nachkommt?

Im 20. Jahrhundert wurde Hobbes' *Leviathan* zudem zu einer Hauptreferenz des autoritären Staatsdenkens und der totalitären Staatsauffassung. Ob eine Verabsolutierung der Staatsräson bei Hobbes dieser Ausdeutung Vorschub geleistet hat oder ob es sich einfach um eine Überinterpretation eines im Grunde schon liberalen Staatsverständnisses handelte, darüber streiten die Interpreten bis heute.[19] Hobbes hat die später enorm gewachsenen Machtmittel der europäischen Staaten sicher nicht vorhersehen können. Er hat aber wohl auch unterschätzt, wie subtil die Wirkung einmal geschaffener staatlicher Institutionen werden kann und wie groß die Bandbreite illegitimer staatlicher Gewalt später geriet. Auch die Frage, ab welchem Grad staatlicher Gewalt das Schutz/Gehorsamsverhältnis nicht mehr gilt, beantwortet seine Theorie nicht.

Doch selbst wenn die rein rationale Begründung des Staates, wie sie Hobbes deduzierte, historisch niemals in Reinform anzutreffen gewesen ist, so sind seine Argumente doch für die Begründungen von Staaten und konkreter Herrschaft bis heute von zentraler Bedeutung. Denn man kann seine Theorie, wie die aller Vertragstheoretiker, als eine rational nachvollziehbare Begründung realer politischer Verhältnisse auffassen. Demnach sind die

Machtbeziehungen, die sich historisch konkret finden lassen, immer darauf zu prüfen, welche gegenseitigen Verpflichtungen darin formuliert sind: Kommt die Herrschaft ihrer Schutzverpflichtung nach? Wenn sie nicht in der Lage ist, die Gewalt einzuhegen und zu monopolisieren, welche Legitimität hat sie dann noch?

Doch nicht allein für Hobbes, sondern auch für andere Autoren der neuzeitlichen Staatstheorie stellt sich die Frage, ob sie die Ambivalenz des Staates in Bezug auf das Gewaltproblem richtig eingeschätzt haben. Fast alle verstehen den Staat als Lösung. Als Problem sehen ihn nur wenige. Um diese Staatstheorien angemessen zu würdigen, muss man jedoch ihren historischen Kontext sehen: Nicht die massive Repressionsgewalt von Staaten, wie sie besonders im 20. Jahrhundert sichtbar wurde, war die historische Erfahrung der Vertragstheoretiker, sondern innere Unruhen, religiös aufgeladene Kriege und die Revolutionen in England und Frankreich, der Streit zwischen feudalen und königlichen Gewalten und die langen Phasen politischer Instabilität, welche die Frühe Neuzeit in ganz Europa prägten. Die Suche nach politischer Stabilität ist deshalb der wichtigste zeithistorische Hintergrund dieser Theorien, die Antworten auf das Gewaltproblem bieten wollen.

Der andere wesentliche Hintergrund ist, dass die religiösen Figuren der Begründung politischer Macht selbst ihre Geltung verloren hatten, auch weil die Einigkeit der christlichen Kirche in West- und Mitteleuropa zerfallen war. Die Vertragstheoretiker bieten auf dieses Problem der Begründung von Staaten eine Antwort, weil sie zugleich Repräsentanten des sich in den Städten herausbildenden Bürgertums sind. Sie stehen jenseits der Interessen von feudalen lokalen Herrschern und der Krone, aber sie sind nicht interesselos. Sie repräsentieren in ihren Argumentationen sehr klar bürgerliches Denken. An der zentralen theoretischen Rolle des Rechts und des »Besitzindividualismus« (Macpherson 1973) in ihren Staatstheorien wird das deutlich. Es ist diese Verbindung, welche die bürgerlichen Staatstheorien später so angreifbar machen sollte für die Kritik der politischen Linken, die in der neu begründeten Staatstheorie nur eine Apologie der staatlichen Gewalt zur Sicherung des Privateigentums sehen wollten.

Die zentrale theoretische Rolle des Rechts und des Eigentums für die Behandlung des Gewaltproblems wird im Vergleich der Staatstheorien von John Locke (1632–1704) und Immanuel Kant (1724–1804) besonders deutlich. Für John Locke ist die Begründung des Staates naturrechtlich – nur was vernünftigerweise als angeborene Qualität angenommen werden kann, ist rechtlich von Belang, nicht die Tradition und auch nicht der Spruch eines Mächtigen. Menschen sind von Natur aus Träger von Rechten, und aus diesem Recht auf Freiheit und Integrität leitet Locke seine Staatstheorie ab. Das Recht auf freie Entfaltung ist ein Naturrecht jedes Menschen, und die schließt den Erwerb von Eigentum ein. Das private Eigentum wird durch die Aneignung per Arbeit begründet: Der Gegenstand, auf den die Arbeit angewandt wird – und hier denkt Locke vor allem an die wichtigste Ressource seiner Zeit, das Land –, vermischt sich gleichsam mit der Subjektivität des Bearbeitenden. Der Rechtscharakter der Person geht durch ihre Arbeit auf den Gegenstand über. Dadurch entsteht bei Locke das Recht, die anderen von der Nutzung desselben Gegenstands auszuschließen. Dieses Recht könne zur Not, wie er in seinen 1689 veröffentlichten *Abhandlungen über die Regierung* schrieb, auch mit Zwang, also unter Androhung von Gewalt, in Anspruch genommen werden (1977: 5. Kapitel). In der Locke'schen Konzeption ist das Privateigentum also schon vorstaatlich, und es ist deshalb legitim, es mit Gewalt zu sichern.

Wie vor ihm Hobbes und nach ihm Kant geht Locke dann von einem notwendig einzugehenden Rechtszustand zwischen Menschen aus, der dieses natürliche Recht auf Eigentum im Näheren regeln müsse. Das Recht auf Eigentum geht bei Locke dem Staat voraus, wie überhaupt die Idee der Gesellschaft, also der vorstaatlichen Normen und Rechte für seine Konzeption wesentlich ist. Sie ist auch der Grund dafür, dass Locke den Staat weitgehend der Kontrolle durch die Bürger unterworfen sehen will, auch wenn er zu seiner Zeit nur das Besitzbürgertum meinte.

Im deutschen Sprachraum wird als Vertragstheorie besonders die Fassung Immanuel Kants (1724–1804) wirkungsmächtig. Bei Kant ist die Gewalt dem Recht vollkommen untergeordnet. Für den Königsberger Philosophen ist nämlich der Rechtsgedanke die zentrale Figur seines Nachdenkens über den Staat und die Frage der Ordnung. Das betrifft nicht nur die inneren Verhältnisse von Staaten, sondern, wie weiter unten gezeigt wird (siehe Abschnitt 3.4), auch das Verhältnis zwischen Staaten, also die Frage von Krieg und Frieden.

Auch für Kant ist das Privateigentum ein angeborenes Menschenrecht (vgl. Kersting 1991: 116). Aber das »Mein und Dein« ist nur provisorisch, geschützt ist es erst im Staat. Dieser Staat nun ist bei Kant nicht bloß aus dem Naturrecht abgeleitet, sondern Kant begründet ihn allein aus der Vernunft: Weil die Willkür von Herrschenden kein hinreichendes Prinzip für ein kalkulierbares Zusammenleben von Menschen ist, gibt es einen gleichsam logischen Zwang für vernunftbegabte Menschen, untereinander einen Rechtszustand zu vereinbaren. Kant begründet das Eigentum und den Staat also nicht naturrechtlich wie Locke, indem er sie auf den Zweck der Selbsterhaltung zurückführt, sondern seine Begründung ist vernunftrechtlich: Jeder vernünftige Mensch, sei er gut oder böse, müsse die logisch zwingende Notwendigkeit eines auch das Eigentum sichernden Rechtssystems einsehen. Grundlage des Staates ist also die gedachte rationale Einsicht aller in die Notwendigkeit einer Rechtsordnung. Erst diese Rechtsordnung könne dann den Eigentumsanspruch zum wirklichen Recht erheben. Ein Recht auf Gewalt jenseits des im Staat zu verwirklichenden Rechtszustandes gibt es für Kant nicht.

Die Entstehung dieser Theorien war schon eingebettet in einen Prozess der Globalisierung der Gewalt: Die koloniale Expansion Europas war ein gewaltgeladener Prozess, den auch die Theoretiker beobachteten. Ihre Reaktionen darauf waren aber sehr unterschiedlich. Hobbes dienten die »Wilden« Nordamerikas ebenso wie die Afrikaner und »Übersee« insgesamt als Gegenbild zum sich aufklärenden und fortschrittlichen Europa. Sowohl für Hobbes wie für Locke und Kant sind dies Gebiete, in denen die Gewalt ungeregelt ist, während sich ihre Entwürfe auf ein von Rationaliät geprägtes Europa beziehen (vgl. Manow 2011: 78f.). In gewisser Weise sind diese Staatstheorien deshalb auch Theorien über die Gewalt in der Weltgesellschaft, worauf weiter unten im Zusammenhang mit Theorien internationaler Beziehungen (siehe Abschnitt 3.3) und im Zusammenhang mit der Kritik des Kolonialismus (siehe Abschnitt 3.2) noch zurückzukommen sein wird.

Man kann den Unterschied zwischen Locke und Kant in dieser Frage deshalb im Zusammenhang mit ihren unterschiedlichen Haltungen zum Kolonialismus sehen. Die Besiedlung und auch die gewaltsame Aneignung Nordamerikas werden mit Lockes Theorie legitimierbar und sie werden in seiner *Zweiten Abhandlung über die Regierung* tatsächlich mehrfach positiv erwähnt (§§ 37, 41, 49), während Kant sich explizit gegen die koloniale Aneignung wendet und den Europäern in Übersee nur ein »Besuchsrecht« zugesteht (vgl. Colliot-Thélène 2011: 140f.).

Die bürgerlichen Staatstheorien, die sich mit der Aufklärung verbreiten, heute Allgemeingut der politischen Bildung sind und auch dem Verfassungsdenken westlicher Staaten zugrunde liegen, sind also einerseits als Lösungsversuche für historische Lagen aufzufassen, in denen die Gewalt weitgehend ungeregelt war. Mit dem Aufstieg des europäischen Bürgertums wird in der Folge insbesondere der Rechtsgedanke als Gegenbegriff zur Gewalt bedeutsam: In der Idee des Rechtsstaats, in der auch die staatliche Gewalt dem Recht unterworfen wird, findet dieses Verhältnis seinen prägnantesten Ausdruck.

Die bürgerlichen Staatstheorien, die sich entlang der Figur des Vertrags im Anschluss an Bodin und andere Theoretiker der monarchischen Souveränität entwickelten, sind Theorien der Gewalt, weil sie aus der Erfahrung innerer und äußerer Kriege eine Antwort auf das Ordnungsproblem der Gewalt entwickeln wollten. Diese Antwort sollte der Staat sein, der aus der Vertragsidee begründet wurde.[20]

Trotz ihrer weit zurückliegenden Ursprünge sind diese Staatstheorien für die Gegenwart relevant. Die von ihnen entwickelten, den Staat und seine Gewalt begründenden Argumente tauchen bis heute an zentraler Stelle in juristischen, philosophischen und politischen Argumentationen auf. Zwar wird der Staat in Europa in der Folge nicht nur rational als rechtstheoretische Figur gedacht – denn im 19. Jahrhundert entwickelt er sich auch zu einer, wenn nicht der wichtigsten, politischen Form. Doch überall, wo der Staat sich ausbreitete, wurde auf die bürgerlichen Theorien zu seiner Begründung zurückgegriffen. Die europäischen Staaten drangen im 19. Jahrhundert in viele Lebensbereiche vor, die zuvor nicht staatlich reguliert waren. Sie zentralisierten das Schulwesen ebenso wie das Bankwesen, das Militär ebenso wie die Erfassung von Vermögen, Bevölkerungen und Infrastruktur. Zugleich wurden diese Staaten über die bürgerlichen Revolutionen mehr und mehr demokratisiert, vor allem im Westen Europas. Die Frage nach der Legitimität staatlicher Gewalt verschob sich damit: Nicht mehr die Durchsetzung bürgerlicher Schichten gegen feudale und königliche Privilegien, sondern die Abwehr der Ansprüche des neu entstehenden Industrieproletariats wurde mit dem Ende des 19. Jahrhunderts zur zentralen Legitimitätsfrage der jetzt »bürgerlich« gewordenen Staaten. Das 19. Jahrhundert ist das Jahrhundert der Ausdifferenzierung des Staates, und entsprechend vielfältig sind die Auffassungen, die sich mit diesem Prozess entwickeln.

Die bürgerlichen Auffassungen des Staats bleiben lange stabil. Bis zum Ende des 19. Jahrhunderts werden wenigstens in den USA und in Westeuropa bürgerliche politische Auffassungen dominant, so dass sich auch keine Notwendigkeit für eine neue legitimierende Theorie ergab. Der bürgerliche Staat galt als adäquate Antwort auf das Gewaltproblem. Dies änderte sich nur dort, wo die bürgerliche Demokratie ernsthaft in Gefahr gerät, wie in der Weimarer Republik. An zwei Autoren dieser Zeit, Carl Schmitt und Hermann Heller, lassen sich die zugespitzten Argumente der Staatstheorie noch einmal aufzeigen.

Weimar und zweimal Weber-Exegese: Schmitt vs. Heller

Die deutsche staatstheoretische Debatte spitzte sich in den Jahren der Weimarer Republik zu. Zwei Namen stehen dabei stellvertretend für die unterschiedlichen Auffassungen des Staates und symbolisieren zugleich unterschiedliche politische Lager: Carl Schmitt und Hermann Heller. Letzter kann als derjenige Autor gelten, der die ersten soziologischen und historischen Einsichten in die »wirkliche Geschichte« der Staaten in eine aufgeklärte soziologische Theorie des Staates verwandelte, die zugleich juristisch anschlussfähig war. Hellers Staatstheorie ist deshalb typisch für die Auffassung, wie im modernen, liberalen Rechtsstaat das Gewaltproblem theoretisch beantwortet wird. Carl Schmitts Position ist demgegenüber dramatischer, um nicht zu sagen dramatisierender.

Carl Schmitt (1888–1985) radikalisierte den Machtaspekt in Webers Auffassung des Staates hin zu einer gleichsam existenzialistischen Staats- und Politikauffassung. Für Schmitt ging es in der Politik um existenzielle Fragen; er erhob die Staatlichkeit zur Existenzfrage von Völkern. Das hatte Vorläufer im organizistischen Staatsverständnis des späten 19. Jahrhunderts. Dort hatte sich diese konservative Auffassung des Staates entwickelt, der zufolge der Staat eine Verkörperung des Volkes darstellt. Schmitt wendete diese Auffassung dezisionistisch: In seiner autoritären Staatsauffassung kommt es auf klare Entscheidungen, eindeutige Loyalitäten und Unterscheidungen an.

Schmitt begann im Kaiserreich zu publizieren, und seine letzten Schriften erschienen in der Bundesrepublik. Die Veränderungen in seinen Argumentationen deuten zwar auf ein hohes Maß an Opportunismus hin, die Ablehnung der Moderne und die Dramatisierung politischer Fragen hin zu einem existenziellen Dezisionismus sowie die Bevorzugung eines autoritären Staatsmodells sind ihm jedoch zu eigen geblieben. Deshalb ist seine tragende Rolle im Nationalsozialismus nicht bloß mit Karrierestreben zu erklären, sondern sie verweist auf grundlegend dazu affine Einstellungen. Schmitts existenzialistische Auffassung des Staates ist sicher extrem. Aber sie steht für einen breiten Strom autoritären und konservativen Denkens über den Staat im 20. Jahrhundert (vgl. Breuer 2012).

Auch Carl Schmitt historisiert den Staat, er hält ihn nicht für eine transhistorische Erscheinung, sondern für eine besondere, in der europäischen Neuzeit entstandene politische Ordnungsform. Die großen Verdienste des europäischen Staates seien es, so Schmitt (1963: 10 ff.), inneren Frieden geschaffen und eine territoriale Einheit hergestellt zu haben. Auch die Regulierung des Krieges sowie das Völkerrecht seien nur möglich gewesen, weil der Staat als einheitliches Prinzip der Organisation zwischen europäischen Mächten entstanden sei. In dieser Hinsicht folgt Schmitt also der Interpretation Hobbes', der in der Verhinderung des Bürgerkriegs die Hauptfunktion des Staates sah.

Dem modernen Rechtsstaat aber vertraut Schmitt nicht. Das liegt an seiner Ablehnung der liberalen Rechtslehre. Die sich verschärfenden sozialen Gegensätze in modernen Gesellschaften und besonders die sich verschärfenden politischen Gegensätze in der Weimarer Republik sind für Schmitt Belege dafür, dass der Rechtsstaat kein hinreichendes Ordnungsprinzip ist. Nicht der Staat, sondern das Politische, die Unterscheidung von Freund und Feind, sei das tragende Prinzip, dem der moderne Staat eine Weile habe nachkommen können. Nun aber sei er untauglich geworden, und dieser Befund führt Schmitt zu einer existenziellen Politikauffassung, die ihn die Zentrierung einer Entscheidung, den Ausnahmezustand und klare Hierarchien bevorzugen lässt. Seine Theorie läuft auf die Bevorzugung autoritärer Modelle hinaus, die auf die latente Gewaltproblematik moderner Gesellschaften mit eindeutigen Entscheidungswegen und klaren Hierarchien antworten sollten. Die Vorstellung, dass der Schutz vor Gewalt durch parlamentarische Debatten, politische Kompromisse und Gerichtsentscheidungen erreicht werden könnte, erscheint ihm illusionär und deshalb gefährlich.

Schmitt begreift den Staat aber letztlich als Ausdruck von etwas anderem, nämlich als Ausdruck der »politischen Einheit des Volkes« (1928: 125), die dem Staat vorausgesetzt sei. Während Schmitt sich als Jurist nicht für die Frage interessiert, wie das historisch nachweisbar sei, übersteigert er zugleich die Frage der Exklusivität des Staates. Die Zugehörigkeit zum modernen Staat sei niemals universal, sondern sie beziehe sich immer auf eine vorgängige Gemeinschaft, die auf »Ausscheidung oder Vernichtung des Heterogenen« (1926: 14) beruhe.

Schmitts Formulierung liest sich heute wie eine Ankündigung der nationalsozialistischen Vernichtungspolitik. Worauf sie aber auch verweist, ist der Nationalismus, der den bürgerlichen Staat in der zweiten Hälfte des 19. Jahrhunderts ergriffen hat und in dessen Gefolge gewaltsame Vertreibungen in Mittel-, Ost- und Südosteuropa einsetzten, denen genau die Vorstellung zugrunde lag, von der Schmitt behauptete, dass ein »Volk« und nicht die Kantische Rechtsidee das eigentlich politische Substrat des modernen Staates mit seinen Institutionen sei.

Carl Schmitts Theorie der Politik lässt sich somit als legitimierende Theorie für eine Praxis von Staaten lesen, in denen das »Staatsvolk« als Nation zur begründenden Idee ethnischer Säuberung und des Genozids wird. Schmitts Auffassung des Staates liegt sein Verständnis des Politischen zugrunde, das er als »die Unterscheidung zwischen Freund und Feind« definiert hatte. Sein politisches Denken steht damit symptomatisch für eine Theorie von Politik und eine Theorie des Staates, die die Konfliktivität moderner Gesellschaften in substanzialistischen Verständnissen suchen und hierarchische und autoritäre Formen bevorzugen. Die Gewalt, so ließe sich zusammenfassen, ist bei Schmitt die immer präsente, existenzielle Dimension der Politik, ob im Staat oder ohne ihn. Politisch Handelnde müssen, so Schmitt, bereit sein, äußerste Gewalt einzusetzen, auch wenn dies nicht der Normalfall der Politik ist.

Der häufig als Gegenspieler Schmitts in der Weimarer Staatsrechtsdebatte bezeichnete Hermann Heller (1891–1933) hat dagegen ein ganz anderes Verständnis des Staates entwickelt, das bis heute für Theorien des Sozialstaats und andere Versuche steht, die Konflikte innerhalb von Gesellschaften durch staatliche Institutionen und staatlich gesatztes Recht wenn nicht aufzuheben, dann doch zu vermitteln. Für Hellers Auffassung, die er mit allen Theoretikern der Mitte teilt, ist typisch, dass er an die prinzipielle Überwindbarkeit des Gewaltproblems durch rechtliche Verfahren glaubt.

Heller, ebenfalls Jurist, griff auf Weber zurück, indem er dessen Herrschaftssoziologie mit einer Theorie des Rechtsstaats verband. Ganz in der Kantischen Tradition stehend, sollte das Recht zur Überwindung des latenten Gewaltproblems dienen. Heller schließt damit an den liberalen Rechtsstaatsgedanken an, dem zufolge das Recht eben das Gegenteil von willkürlicher Macht und damit auch der Gewalt ist. Für ihn ist der Staat eine Rechtsgemeinschaft und ein Institutionengefüge, das den Zweck hat, unterschiedliche Interessen vereinbar zu machen. Darin liegt für ihn die zentrale Funktion des Staates (1983: 230). In der latenten Gewaltsamkeit innenpolitischer Konflikte sieht also auch Heller den Grund des Staates. Der demokratische Rechtsstaat wird von ihm aber, ganz im Sinne der auch heute in westlichen Demokratien gelehrten Staatsauffassung und im Unterschied zu Schmitt, als Ausweg aus dieser Gefahr gesehen.

Heller idealisiert den Staat nicht zum gewaltfreien Gebilde. Aber er betont, dass die militärische Macht, über die Staaten verfügen, als »nur technische Macht« zu sehen sei (1983: 236). Sobald sie sich von der eigentlichen, die Ordnung konstituierenden politischen Macht entkoppele, sei das Militär »nur als Räuberbande zu denken« (1983: 236). Die militärische Macht sichere zwar die politische nach innen und nach außen und sei so eine Existenzbedingung regelhafter politischer Prozesse. Die Gewalt bleibt auch bei Heller »ultima ratio« der Politik, ihr Gebrauch könne immer nur Ausnahme sein, weil sich durch Gewalt allein keine Herrschaft halten könne. Heller folgt hierin dem Legitimitätspostulat Max Webers und dessen Skepsis, dass Herrschaft allein auf Gewalt beruhen könne.

Hellers Staatstheorie ist aber auch insofern »weberianisch«, als für ihn die Rechtsfigur der Staatsgewalt eine »Wirkungseinheit« ist und eben nicht nur eine abstrakte Rechtsfigur. Die Staatsgewalt sei nur »durch das Zusammenwirken aller Beteiligten« (1983: 270) zu erklären. Genauso konstruktivistisch, wie Weber die Wirksamkeit der Staatsidee erlebt, so fasst sie auch Heller als »von allen Beteiligten als eine neue Wirkungseinheit erlebt« (1983: 271), also einen Effekt, der durch das Handeln und die Zuschreibungen von Menschen erst entsteht. Die Staatsgewalt, der als machtvoll erfahrene Staat, ist somit ein Effekt dieses Glaubens und der ja zunächst unverbundenen Handlungen aller Beteiligten, der in den Staatsapparaten Handelnden und der davon Beherrschten. Bei Heller ist also nicht eine irgendwie geglaubte Gemeinschaft dem Staat vorgängig, sondern er erfasst diese Gemeinschaft viel soziologischer als einen Effekt des Staates und seiner Politik. Tatsächlich hat die historische Betrachtung der europäischen Staaten diese Auffassung auch bestätigt: Das Nationalbewusstsein ist vor allem ein Effekt staatlicher Politik gewesen. Bevor Schulbücher, öffentliche Rituale, die Wehrpflicht und die Kulturpolitik »Bauern zu Franzosen« machten (Weber 1976), waren die gefühlten Identitäten lokal oder regional, berufsständisch oder religiös bestimmt. Es ist ganz offenbar der moderne Staat selbst gewesen, der das Intellektuellenprojekt der Nation zur allgemeinen Lehre erhoben hat.

In der Betonung des Rechtscharakters des Staates und seiner Funktion – wo nicht den Bürgerkrieg für alle Zeiten zu verhindern, so doch funktionierende Institutionen zu ermöglichen, die soziale Gegensätze überbrücken können –, in dieser Ausrichtung seiner Staatstheorie steht Hermann Heller archetypisch für die moderne westliche Staatstheorie, in der sich juristisches und soziologisches Denken verbinden. Diese Staatstheorie hat den Staat nie als ein bloßes Instrument im Dienst einer Person, einer Bewegung oder einer Partei, sondern in ihm immer den tragenden Begriff für alle möglichen Rechtskonstrukte aufgefasst, der rational konzipiert und funktional sein sollte. Ihr wesentlicher Unterschied zu den frühen Staatstheorien ist vor allem der, dass nun auch das Gewaltmonopol selbst dem Recht unterworfen wird. Die Idee des Rechtsstaats besagt ja, dass auch das staatliche Handeln und damit die staatlichen Gewaltapparate den Normen des Rechts unterliegen. Das soll die Kontrolle der Gewaltkontrolleure bewirken.

Staatstheorien, so wollten wir in diesem Abschnitt zeigen, sind Theorien der Gewalt, weil sie die generelle Möglichkeit der Gewaltausübung als Ordnungsproblem zum Ausgangspunkt für Begründungen des Staates nehmen. In diesem Sinne sind sie Legitimierungen staatlicher Herrschaft. In unterschiedlichem Maße sind sie aber auch Kritiken dieser Herrschaft, denn sie stellen ältere Legitimierungen, etwa feudaler Ordnungen oder später der monarchischen Herrschaft, infrage. Besonders für Kant gilt, dass sein Vernunftbegriff auch für weitere Diskussionen kritische Impulse ermöglichte.

Hier konnten diese Theorien nur in Umrissen dargestellt werden, und wir haben uns auf den europäischen Kontext beschränkt. Jedenfalls für das 18. bis 20. Jahrhundert erscheint das insofern gerechtfertigt, als mit der Durchsetzung des Staates als politischer Form die Diskussion über seine Begründung deutlich nachlässt.

Nach dem Ende des Zweiten Weltkriegs setzt sich in Westeuropa und Nordamerika mit zunehmendem Wohlstand der Sozialstaat mit seinen stark inkludierenden Effekten durch. In Westeuropa und Nordamerika hat sich die Staatstheorie in den Jahrzehnten nach dem Zweiten Weltkrieg deshalb auch immer weniger mit Fragen der Gewalt befasst. Herausgefordert wurde dieses Schweigen erst in den 1970er Jahren durch den Linksterrorismus oder durch revolutionäre Bewegungen in den Kolonien Frankreichs und Großbritanniens in den 1950er und 1960er Jahren.

In der Bundesrepublik etwa erhielten in der Auseinandersetzung mit dem Linksterrorismus die Vorstellungen autoritären Staatsdenkens, ja selbst die Figuren der Schmitt'schen Theorie wieder Zulauf. Mit der Diskussion darüber, wie viel staatliche Repression zulässig ist, wurden die Gründe und Grenzen des staatlichen Gewaltmonopols erneut thematisiert. Aber auch zuvor war Schmitts Staatstheorie die Orientierung für viele leitende Juristen in Westdeutschland geblieben.

In den 1980er Jahren geriet die Gewaltfrage in den Sozialwissenschaften Westeuropas jenseits der Kriminologie erneut in den Hintergrund. Sie gewann erst wieder an Bedeutung, als nach dem Ende des Ost-West-Konfliktes neue Fragen der internationalen Ordnung, darunter auch die Frage nach den Grenzen der Souveränität und der Bedeutung des Staates überhaupt, an Gewicht gewannen. Wir behandeln zentrale Argumente dieser Diskussion im letzten Kapitel.

3.2 Kritik der staatlichen Gewalt

Die Rechtfertigung der Gewalt durch die Staatstheorie, wie sie sich seit der Frühen Neuzeit entwickelte, hat besonders im 19. und 20. Jahrhundert massive Kritik erfahren. Man kann die Staatstheorie als ein zunächst emanzipatorisches Projekt auffassen. Denn ihre Ursprünge sind ja nicht nur in der Ungewissheit der politischen Ordnungen Europas des 16. bis 18. Jahrhunderts zu sehen. Die Vertragstheorien waren zugleich Argumente gegen königliche und adelige Vorrechte. Ein kritisches Moment ist dieser Theorie deshalb von Anfang an zu eigen gewesen. Mit der Übernahme der politischen Herrschaft durch das Bürgertum und in einer veränderten sozialen Situation wendet sich die Kritik dann aber gegen den bürgerlichen Staat selbst.

Der wesentliche Bezugspunkt der Kritik ist dabei die Zwangsgewalt, das Monopol auf legitimen Gewaltgebrauch, das der souveräne Staat für sich in Anspruch nimmt. Dieser Kritik gehen wir in diesem Abschnitt bezogen auf das Innenverhältnis nach, während der nächste Abschnitt (3.3) sich mit der staatlichen Gewalt in ihrem Außenverhalten beschäftigen wird, also mit den wichtigsten Argumenten zur Frage von Krieg und Frieden zwischen Staaten.

Aus der vielfältigen Kritik der staatlichen Gewalt wählen wir hier nur fünf Debatten aus. Noch aus der Zeit feudaler und absolutistischer Ordnungen rührt die Diskussion um das Widerstandsrecht, eine Diskussion, die sich auf die moralische Berechtigung von Gewalthandlungen gegen staatliche Organe bezieht. Der zweite Strang ist die Kritik des bürgerlichen Staates von links. Karl Marx ist der bekannteste der Autoren, die diese Legitimität staatlicher Herrschaft, jedenfalls des bürgerlichen Staates, infrage gestellt haben. Eine dritte Strömung, die des Anarchismus, betrachtet sich ebenfalls als sozialistisch, aber sie wirft dem Marxismus vor, letztlich selbst eine autoritäre Form anzustreben. Beide Positionen aber eint, dass sie im bürgerlichen Staat des 19. Jahrhunderts nur die Herrschaft einer begüterten Minderheit erkennen können. Ihr Verhältnis zu den bürgerlichen Revolutionen im 19. Jahrhundert ist deshalb gespalten: Zwar werden sie als Fortschritte anerkannt, aber sie erübrigen nicht weitere Umwälzungen. Die Gewalt wird dabei wenn nicht als notwendiges Mittel, so doch als unvermeidliche Begleiterscheinung der sozialen und politischen Umwälzungen aufgefasst. Die Kritik der Gewalt des bürgerlichen Staates mündet so in vielen Fällen in eine Begründung revolutionärer Gewalt. In ähnlicher Weise, aber unter Berufung auf andere politische Zukunftsmodelle, sieht auch der »libertäre Sozialismus«, also die sich im 19. Jahrhundert formierende Position der Anarchisten das Gewaltproblem.

Die vierte große Welle der Kritik richtet sich gegen die imperialistische Expansion Europas und die koloniale Unterwerfung. Im späten 19. Jahrhundert entwickelt sich diese Kritik der staatlichen Gewalt in den europäischen Staaten selbst, die in bis dahin nie gesehenem Ausmaß die Unterwerfung noch der fernsten Weltgegenden unternehmen. Die Kritik daran geht zurück bis in die frühe Zeit des iberischen Kolonialismus. Ihre theoretische Form erhält diese Kritik aber erst durch den englischen Liberalen John Atkinson Hobson (1858–1940), dessen Werk *Imperialism – A Study* (1902) dann von Wladimir I. Lenin, Rosa Luxemburg und Rudolf Hilferding mit marxistischen Theoremen verbunden wurde.

An diese Kritik des Imperialismus knüpfen die Kritiker des Kolonialismus an, die sich indes nicht auf diese Positionen reduzieren lassen. Mao Tse-tung und Frantz Fanon, die wir stellvertretend für die Forderung nach revolutionärer Gewalt im Anti-Kolonialismus behandeln, verarbeiten in ihren Theorien auch die Erfahrungen des Rassismus und einer von Europa dominierten internationalen Ordnung.

Eine fünfte Welle der Kritik staatlicher Gewalt formiert sich schließlich im 20. Jahrhundert in Reaktion auf den italienischen Faschismus und den Nationalsozialismus in Deutschland. Ob und inwiefern diese Formen staatlicher Gewalt mit denen des Stalinismus oder dem »real-existierenden Sozialismus« und dessen Gewalt gleichzusetzen sind, ist dagegen eine bis heute andauernde Kontroverse, die am Ende dieses Abschnitts kurz beleuchtet werden soll.

Das Widerstandsrecht

Seit den antiken Theorien der Politik ist die Frage des legitimen Widerstands gegen staatliche Gewalt ein durchgehendes Thema der politischen Theorie. Eine eigene Theorie des Widerstands oder des Widerstandsrechts existiert jedoch bis heute nicht.[21] Unter dem Begriff werden vielmehr historisch unterschiedlich zu situierende Debatten versammelt, die hier nur kursorisch aufgegriffen werden können.

Mit dem Begriff des Widerstands wird in der Regel Protest gegenüber mächtigeren Instanzen gemeint. Allerdings handelt es sich hierbei um eine sehr spezifische Form der Opposition, die sich von anderen, insbesondere der Revolution unterscheidet. Das wesentliche Merkmal des Widerstands ist sein eher reaktiver Charakter: Wie die Revolution wendet er sich aktiv gegen bestehende gesellschaftliche Verhältnisse. Doch will er diese nicht weiterentwickeln, sondern lediglich eine entstandene Ungerechtigkeit korrigieren. Der Maßstab ist dabei meist eine ältere, vorgängige moralische Ordnung. Widerstand ist also Oppositionshandeln, das sich dadurch legitimiert, dass es – lediglich – auf eine vorangegangene Verletzung der sozialen Ordnung reagiert. Er bezieht sich nicht auf ein utopisches Projekt (wie bei der Revolution), sondern auf eine Ordnung, die entweder historisch vorgängig oder übergeordnet – weil göttlich oder naturgegeben – ist (Münkler 2007: 638-39; Desmons 2011: 1132). Die Legitimität des Widerstands ergibt sich also aus einer spezifischen Deutung des Verhältnisses von Angriff und Verteidigung, was in der antiken Tyrannislehre besonders deutlich wird: Diese verteidigt den Tyrannenmord mit dem Argument, dass in diesem spezifischen Fall nicht der Mörder der zu verurteilende Störer der sozialen Ordnung sei, weil die eigentliche Störung durch die vorangegangene Machtnahme des Tyrannen eingetreten ist. In dieser Logik ist der Mörder nicht Aufrührer und Angreifer, sondern Verteidiger der eigentlichen, guten Ordnung (Münkler 2007: 638-39).

Freilich hat sich dieses Verständnis seit der Antike gewandelt. Ideengeschichtlich treibend, zumindest im westlichen Kulturkreis, war das aufkommende Christentum, in dessen Doktrinen es früh zu einer Konvergenz weltlicher und geistlicher Interessen kam. Bereits in den Paulus-Briefen im ersten Jahrhundert u. Z. wird ein Recht auf aktiven Widerstand kategorisch ausgeschlossen: »Jedermann sei untertan der Obrigkeit, die Gewalt über ihn hat. Denn es ist keine Obrigkeit ohne von Gott; wo aber Obrigkeit ist, die ist von Gott verordnet. Wer sich nun der Obrigkeit widersetzt, der widerstrebt Gottes Ordnung; die aber widerstreben, werden über sich ein Urteil empfangen.« (Römer 13, 1-2) Wo es Tyrannen gibt, sind diese den Menschen als Prüfung auferlegt; die einzig zulässige Form der Opposition ist deshalb der passive Widerstand – also das Martyrium (Desmons 2011: 1133). Ein differenziertes Verhältnis entwickelt sich erst mit der Aufklärung, insbesondere den liberalen Vertragstheorien, die Herrschaftsbeziehungen neu begründen: Wo Herrscher und Beherrschte durch einen Vertrag wechselseitig aneinander gebunden sind, erlöschen die Gehorsamspflichten der Beherrschten, wo die Obrigkeit selbst den Gesellschaftsvertrag bricht. In solchen Situationen ist Opposition – auch gewaltsame – legitim (Münkler 2007: 639; Desmons 2011: 1134). Praktische Bedeutung gewannen diese Überlegungen in der jüngeren Geschichte insbesondere in der ersten Hälfte des 20. Jahrhunderts in den Auseinandersetzungen mit den totalitären Regimen in Europa.

Dennoch bleibt Widerstand eine Frage der Perspektive. Ob Opposition gegen eine bestehende Herrschaftsordnung als »Widerstand« gilt oder als »Aufruhr«, ob ein Verletzungshandeln »Gewalt« oder »Gegengewalt« ist, hängt vom Standpunkt des Beobachters ab. Aus phänomenologischer Perspektive bezeichnet der Begriff des Widerstands also keine spezifische Form der Gewalt, sondern stellt vielmehr eine Legitimationsformel dar, die den re-aktiven Charakter des Handelns im Sinne einer Antwort auf vorangegangene Ungerechtigkeit ins Zentrum rückt.

Damit der Begriff des Widerstandsrechts überhaupt zum Problem wurde, war jedoch die Zentralisierung der Macht im absolutistischen Staat als Vorbedingung nötig. Denn aus der historischen Forschung ist bekannt, dass vor dieser Zentralisierung die Berechtigung des auch gewaltsamen Widerstands etwa von einzelnen Fürsten gegen den Kaiser des Heiligen Römischen Reichs Deutscher Nation keineswegs umstritten war: Vor der Zentralisierung der Gewalt im Absolutismus waren die Souveränitätsrechte eben noch geteilt. Das galt auch noch in der Zeit der Reformation und während des Dreißigjährigen Krieges (von Friedeburg 2001). Mit der Reformation indes begann diese alte Ordnung sich zu verändern, und die schon vorher komplexe gleichzeitige Geltung unterschiedlicher Rechtsordnungen verkomplizierte sich durch die konfessionelle Frage und neue soziale Dynamiken.

Im Absolutismus ergab sich aber eine Ausschließlichkeit der Souveränität. Damit wird das Widerstandsrecht zum Problem. Denn worauf sollte es sich angesichts der absoluten Souveränität noch berufen können? Entsprechend sind seit der Frühen Neuzeit die Antworten auf die Frage, ob es ein Widerstandsrecht geben kann, sehr unterschiedlich ausgefallen. Für die stärker naturrechtliche Position, wie sie etwa bei John Locke zu finden ist, ist die Antwort positiv: Weil die Rechte der Menschen von Staaten unabhängig, gleichsam von Natur aus existieren, bleibt den Menschen auch das Recht vorbehalten, gegen eine Gewaltherrschaft im eigenen Staat Widerstand zu leisten, wie Locke in seiner *Zweiten Abhandlung über die Regierung* (§§ 204-210) ausführt. Entsprechend sehen sowohl die *Virginia Bill of Rights* von 1776 wie die *Allgemeine Erklärung der Menschenrechte* von 1789 ein Widerstandsrecht vor.

In der deutschsprachigen Tradition des politischen Denkens ist das Widerstandsrecht hingegen sehr stark eingeschränkt oder aber wird ganz negiert. Das trifft bereits auf die populäre Vorstellungen prägende Position Martin Luthers zu, dessen strenge Unterscheidung zwischen dem »Reich der Welt« und dem »Reich Gottes« vielen Interpretationen zufolge ein Widerstandsrecht ausschloss. Auch Immanuel Kant hat sich in der *Metaphysik der Sitten* gegen ein Widerstandsrecht ausgesprochen, weil es seiner Rechtsidee des Staates gemäß einen Widerspruch darstellen würde, die logische Unbedingtheit der Staatsidee zu behaupten und sie gleichzeitig an Bedingungen zu knüpfen. Für Kant war jedoch aus dem gleichen Grunde eindeutig, dass nach einem Systemwechsel, wie im Fall der Amerikanischen oder Französischen Revolution, die jeweils neue Regierung ein gleiches Recht auf Rechtsbefolgung habe wie ihre Vorgänger. Für Kant ist also der Revisionismus ebenso ausgeschlossen wie ein Widerstandsrecht. Die deutsche Staatsrechtslehre ist ihm darin im Wesentlichen gefolgt.

Mit der Durchsetzung des bürgerlichen Rechtsstaats hat sich die Frage nach dem Widerstandsrecht noch einmal verschoben. Weil in modernen Demokratien die Opposition gleichsam ein institutionalisierter Widerstand ist und weil Grundrechte, wie im deutschen Grundgesetz, besonders verankert sind, entfällt nach Auffassung vieler die Notwendigkeit, ein Widerstandsrecht juristisch zu kodifizieren. Das in Artikel 4, Absatz 20 des Grundgesetzes formulierte Widerstandsrecht ist deshalb stark eingeschränkt.

Dass es überhaupt seinen Weg in das Grundgesetz gefunden hat, lag an der Diskussion, die sich aufgrund des Widerstands gegen den Nationalsozialismus ergeben hatte. Der Tyrannenmord, wie er etwa im Attentatsversuch des 20. Juli 1944 versucht wurde, entsprach nicht der dominanten deutschen Rechtstradition. Seine Berechtigung wurde in der nachfolgenden Diskussion eher aus dem individuellen Recht abgeleitet, den eigenen Gewissensnormen statt dem staatlichen Recht in einem Unrechtsstaat zu folgen (vgl. Steinbach 1987). Seither gilt das Widerstandsrecht in

Deutschland als Individualrecht, das nur zur Verteidigung der freiheitlichen Grundordnung angewandt werden darf.

Dennoch ist der Begriff des Widerstandsrechts ein politischer Kampfbegriff geblieben, der überall in innenpolitischen Diskussionen immer wieder Konjunkturen erlebt. Mit der fortschreitenden Verallgemeinerung der Norm der Gewaltlosigkeit von Politik (siehe Kapitel 2) hat sich der Streit um die Berechtigung von unterschiedlichen Widerstandsformen indes nicht erledigt. Solange unterschiedliche Rechtsordnungen gleichzeitig als gültig empfunden werden, solange wird es auch Diskussionen um die Berechtigung gewaltsamen Widerstands geben. Allein der andauernde Konflikt zwischen gesatztem staatlichen Recht und religiösen Morallehren wird auch in Zukunft in unterschiedlichen Kontexten wie den USA, Israel oder Pakistan die Frage des Widerstandsrechts aufrufen. Schließlich darf davon ausgegangen werden, dass auch autoritäre Regierungspraktiken in Zukunft vielen die Gewalt gegen die Tyrannis berechtigt erscheinen lassen wird.

Von Marx zu Mao: Kritik des bürgerlichen Staates und des Kolonialismus

Die Kritik »von links« am bürgerlichen Staat hat demgegenüber ganz andere Hintergründe. Zwar könnte man auch von ihr sagen, dass sie sich auf eine ältere moralische Lehre bezog, nämlich auf den Humanismus. Aber sie formierte sich zugleich in einer neuen sozialen Konstellation, in der neben das Bürgertum neue städtische Klassen traten, die als Lohnabhängige politisch und rechtlich keinen gleichwertigen Status hatten.

Karl Marx (1818-1883) griff in seiner Kritik des Staates die bürgerliche Kritik am Feudalismus auf, mit der das Bürgertum die

Berechtigung von hergebrachten Souveränitätsansprüchen infrage gestellt hatte. Und auch wenn Karl Marx und Friedrich Engels in ihren Werken keine explizite Theorie des Staates entwickelt haben, so ist ihr Werk doch von kritischen Überlegungen zur Rolle der Gewalt in der Geschichte und zur Ideologie des bürgerlichen Staates durchzogen.

Für Marx ist die Gewalt zunächst eine historische Universalie, die den Konflikt zwischen sozialen Gruppen und die Formen der Aneignung nicht nur im Feudalismus, sondern auch im Kapitalismus begleitet. Die Gewalt ist für Marx in der gesamten Geschichte »eine ökonomische Potenz« (Marx 1973: 779). Denn die »ursprüngliche Akkumulation«, die Gemeineigentum in Privatbesitz verwandelt, ist Marx zufolge ein globaler und gewaltsamer Prozess, der den überseeischen Sklavenhandel ebenso einschließt wie das »Bauernlegen« in Europa. In den absolutistischen Staaten hätten die Könige dann schließlich die Gewalt in ihrem Kampf gegen den eigenwilligen Adel monopolisiert (Marx 1973: 539).

Nach den bürgerlichen Revolutionen werde, so Marx, diese staatliche Gewalt nun im Interesse der neuen besitzenden Klassen ausgeübt. Dieser Staat ist Marx zufolge also ein Klassenstaat, denn der bürgerliche Staat diene eben den Interessen der Bourgeoisie. Militär und die zu Marx' Lebzeiten in den Städten entstehende Polizei dienten eben nicht dem Allgemeinwohl, sondern hätten die Funktion, die ungleiche Besitzverteilung zur Not auch mit Gewalt zu verteidigen. Entsprechend werden die Staatsrechtler, die diesen Staat mit allgemeinen Interessen begründen, von Marx als »Staatspriester« und »Staatsgläubiger« (Marx/Engels 1958: 385) verspottet. Die herrschende Klasse präsentiere ihre Sache immer als die allgemeine, während in Wahrheit der Staat nur um des Privateigentums willen existiere (Marx/Engels 1958: 62).

Die Kritik der staatlichen Gewalt, wie sie bei Marx und anderen sozialistisch orientierten Autoren vorkommt, ist jedoch kein Pazifismus. Während sich etwa in Deutschland in der politischen Linken mehrheitlich ein reformistisches Denken durchsetzte, blieb die Vorstellung von der Notwendigkeit einer gewaltsamen Revolution in vielen anderen Fällen vorherrschend. So sind es besonders Leo Trotzki und Wladimir I. Lenin gewesen, die die Organisation von revolutionärer Gewalt gegen einen repressiven Staat betonten, welche unter Führung der Partei in einen neuen Staat münde: »Das Mittel der Befreiung der Werktätigen ist die revolutionäre Gewalt. Im Moment der Eroberung der Macht nimmt die Gewalt die Form der organisierten Armee an.« (Trotzki 1924, zit. n. Papcke 1973: 320)

Mao, Guevara und Fanon

Mit der Ausbreitung sozialistischer Ideen über den Globus dringt auch diese Auffassung über Nutzung der Gewalt als Mittel für die Umgestaltung politischer und sozialer Ordnung vor. Dabei vermischen sich Theorien über den Volkskrieg, wie ihn schon Clausewitz (1832) beschrieben hatte, mit solchen über die Strategie der Revolution. Mao Tse-tung (1893-1976), der über seine Lenin-Lektüre mit den Ideen von Clausewitz vertraut war, entwickelte hieraus und aus chinesischen Traditionen eine Lehre des revolutionären Guerilla-Krieges. Seine Erfahrungen im chinesischen Bürgerkrieg und dann im Kampf gegen die japanische Besatzung mündeten in den »Maoismus«, der seinerseits den Weg zurück in die westeuropäische Linke fand und bis heute global verbreitet ist.

Wie bei anderen Revolutionen geht es im revolutionären Volkskrieg darum, die Regierung abzuschaffen und sich an ihre Stelle zu setzen. Unter einer Fremdherrschaft, so Mao, sind die Bedingungen hierfür besonders günstig. Die Strategie besteht, wie Mao (1938) ausführt, zunächst darin, Stützpunkte zu errichten, dann befreite Gebiete; von dort aus wird der Marsch auf die Hauptstadt organisiert, dabei muss die Transformation der Guerilla in eine reguläre militärische Organisation gelingen, die dann die Armee des revolutionären Staates wird. In den befreiten Gebieten, so Mao, müsse sofort die Erziehung »der Massen«, also ihre politische Schulung im Sinne der Guerilla beginnen.

In ähnlicher Weise sieht auch eine andere Version der Guerilla-Kriegführung eine Kombination aus hochflexibler Gewaltstrategie und politischer Bildung vor. Ernesto Che Guevaras »Fokismus« zielt zunächst auf die Schaffung eines »Herds« (span. *foco*), von dem aus sich dann ein Flächenbrand entfachen soll (vgl. Che Guevara 1968).

Es sind Theorien, die auf die Effekte von Massenhandeln setzen, welche die Wirkungen von Repression durch das angegriffene Regime in ihr Kalkül einbeziehen und die ihrerseits die gewaltsame Repression gegenüber den besiegten Unterdrückern vorsehen. Beides, Gewalt und »Erziehung der Massen«, sind Teil dieser von Anarchisten als »autoritäre Sozialisten« bezeichneten Strömung des Sozialismus. Im Ergebnis steht dann nicht die Abschaffung des Staates, sondern seine Umwidmung für die neuen Zwecke: »Das Proletariat braucht die Staatsmacht, eine zentralisierte Organisation der Macht, eine Organisation der Gewalt [...]« (Lenin 1918: 338).

Vor allem aber setzt die Theorie revolutionärer Gewalt auf die befreiende Wirkung des gewaltsamen Umsturzes. Anders als jenem Widerstand, der auf die Wiedererrichtung einer zuvor existierenden Ordnung zielt, geht es der revolutionären Gewalt um die Errichtung einer neuen Ordnung. Die Gewalt ist notwendiger Teil dieser Metamorphose. Am deutlichsten wird dies vielleicht bei Frantz Fanon (1925-1961), der der Gewalt eine kathartische Wirkung zuschreibt. Fanon, in der damaligen französischen Kolonie Martinique geboren, wurde im Zweiten Weltkrieg Soldat und war in den 1950er Jahren als Arzt und Psychiater in Algerien tätig, wo 1954 ein Befreiungskrieg gegen Frankreich begonnen hatte. Bevor sich Fanon der Befreiungsbewegung anschloss und ins Exil ging, arbeitete er jahrelang mit Folteropfern und -tätern. Seine Streitschrift *Die Verdammten dieser Erde* (1961) wendete die Figuren der sozialistischen Staatskritik nun gegen die Europäer insgesamt. Das koloniale System nahm Fanon als eine zweigeteilte Welt wahr, in der europäische Herrscher und eine lokale Bourgeoisie über die große Mehrheit der Kolonisierten eine Gewaltherrschaft errichtet hatten. Bereits in seinem Erstlingswerk *Schwarze Haut, weiße Masken* (1952) hatte er den Verrat der Helfer des Kolonialismus psychologisch erklärt. Eine starke psychologische Dimension erhielt auch seine Analyse der Dekolonisation: Die Gewaltherrschaft des Kolonialstaats sei, so Fanon in Hegels berühmter Dialektik von Herr und Knecht, nur über einen Kampf der Anerkennung zu überwinden. Der Minderwertigkeitskomplex der Kolonisierten, der von ihrer gewaltsamen Unterwerfung herrühre, könne nur durch eine gewaltsame Befreiung überwunden werden. Ganz wie in der Hegel'schen Figur sei es die Erfahrung der Gewalt, die das eigene Ich wie das der Gegenseite zur Anerkennung der so bewiesenen Stärke bringe.

Maos und Fanons Positionen stehen stellvertretend für eine globale Entwicklung, die etwa seit Mitte des 20. Jahrhunderts in Afrika, Asien und Lateinamerika die Diskussion um die Legitimität der Gewalt wesentlich bestimmte. Nicht nur die Guerillabewegungen in Lateinamerika, die bis in die Gegenwart hinein sozialrevolutionäre Ziele verfolgen, argumentierten ähnlich wie

Mao und Fanon. Auch die Dekolonisationsbewegungen, die zwischen 1950 und 1980 im südlichen Afrika, in Kenia, in Kamerun, in Südostasien, in Südasien oder in der Karibik aktiv waren, orientierten sich an dieser Theorie der revolutionären Gewalt.

Nicht diese Vorstellungen revolutionärer Gewalt, aber die Grundfiguren der Kritik am bürgerlichen Staat, wie Marx sie schon formulierte, haben sich in der inzwischen über hundertjährigen Geschichte des marxistischen und an Marx orientierten Denkens erhalten. Dass der Staat ein Zwangsapparat ist, der der ungleichen Verteilung gesellschaftlich produzierter Reichtümer dient, das ist die Grundidee dieser Kritik geblieben. Sie hat sich sogar so weit popularisiert, dass sie sich in der Kritik an oligarchischen Strukturen von Staaten der Gegenwart durch Demokratiebewegungen findet, die selbst nicht marxistisch sind und von Zentralasien bis Nordafrika Oligarchien kritisieren, welche über den Staat beträchtliche Reichtümer anhäufen.

Auch in der Theorie hat sich diese Kontinuität erhalten. Sie reicht von C. Wright Mills Kritik an den Eliten der USA (1956) über Hartmut Elsenhans' (1982) Kritik an den bürokratischen Staatsklassen in den 1980er Jahren und Heide Gerstenbergers eindrucksvolle Rekonstruktion der Entstehung des bürgerlichen Staates als »subjektloser Gewalt« (1990) bis zu Nicos Poulantzas' Werken über die Komplexität des Staatsapparates (2002) oder der Reformulierung einer »materialistischen Staatstheorie« durch Joachim Hirsch (2005).

Die Marx'sche Kritik am bürgerlichen Staat ist jedoch nicht die einzige geblieben. Schon zu Marx' Lebzeiten entwickelten sich zahlreiche andere Strömungen, häufig in unterschiedlichen nationalen Färbungen, die das Thema des Widerstands, der Revolution und der Gewalt jeweils mit unterschiedlichen Gewichtungen beantworteten. Der deutlichste Unterschied trat bei jenen Gruppen zutage, die im Rückblick unter der Sammelbezeichnung »Anarchisten« geführt werden. Ihrem eigenen Verständnis zufolge handelte es sich aber eher um »libertäre Sozialisten«. Denn mit den an Marx und später an Lenin und Mao orientierten Kritikern des Kapitalismus teilten sie die sozialistischen Grundideen. Die Organisation der Bewegung in einer von oben geleiteten und straff disziplinierten Partei erschien ihnen jedoch suspekt. Der »autoritäre Sozialismus« schien ihnen in die gleiche repressive Richtung zu führen wie die bekämpfte bürgerlich-kapitalistische Ordnung. Anarchisten halten die herrschaftsfreie Gesellschaft nicht nur für wünschenswert, sondern für möglich (Rinderle 2005: 4), was viele Vertreter indes nicht davon abgehalten hat, nicht oder wenig hierarchische Formen von Organisation zu befördern.

Auch der Anarchismus bestreitet die Legitimität feudaler oder bürgerlicher Ordnung, weil jede politische Herrschaft aus seiner Sicht eine Usurpation, einen illegitimen Herrschaftsanspruch darstellt, der durch repressive Gewalt abgesichert wird. Damit ist die Legitimität des staatlichen Gewaltmonopols nur noch eine Behauptung. Sie verdeckt eine aus anarchistischer Sicht gefährliche Zentrierung der Zwangsmittel in der Hand von wenigen, und aus der gleichen Skepsis wandte sich schon der Anarchismus des späten 19. Jahrhunderts gegen die Ansprüche von sozialistischen Parteiführungen (vgl. Guérin 1967: 18 ff.). Sie wollten, so Michail Bakunin, den Staat nur übernehmen, aber nicht zerstören. Das aber sei, so Bakunin, die Zielsetzung des Anarchismus, denn der Staat selbst sei die Ursache der Gewalt (1969: 200).

Noch weniger als andere sozialistische Strömungen hat der Anarchismus des 19. und 20. Jahrhunderts eine einheitliche Theorie hervorgebracht. Wirkmächtig wurde er vor allem in Russland, in Frankreich und in Südeuropa, wo er bis weit in das 20. Jahrhundert auch gewerkschaftliche Positionen mit beeinflusste. Zu seinen Grundpositionen gehören ein möglichst weitgehender Individualismus und ein Vertrauen auf die »Spontaneität der Massen«, die jeder Konzeption von Avantgarde-Partei vorzuziehen seien (Guérin 1967: 38). Organisation müsse immer freiwillig und auf die Form lokaler Zellen beschränkt bleiben.

Auch der Anarchismus ist keine Theorie der Gewaltfreiheit: Ab Mitte des 19. Jahrhunderts propagierten einige Anarchisten wie Michail Bakunin (1814–1876) die Revolution, die statt mit einer organisierten Partei vermittels einer »Propaganda durch die Tat« auszulösen sei. Dem lag die Vorstellung zugrunde, dass durch gewaltsame Anschläge ein politisches Klima erreicht werden könne, dessen Dynamik selbstläufig zur Revolution führe. Der Anarchosyndikalismus, der in Frankreich, Italien und Spanien stark war, setzte demgegenüber auf gewerkschaftliche Formen und das Ziel der Arbeiterselbstverwaltung. Während der Anarchismus heute keine prominenten theoretischen Vertreter mehr hat, bleiben seine Impulse jedoch in zahlreichen sozialen Bewegungen lebendig. Das gilt auch für das pazifistische Element in ihm, auf das wir noch zurückkommen (siehe Abschnitt 3.4).

3.3 Zur Rechtfertigung des Krieges

Der Rechtfertigung der Gewalt im Innern eines politischen Verbandes steht die Frage nach der Rechtfertigung der Gewalt nach außen gegenüber. Auch dies, die Praxis des Krieges, wird erst mit dem Beginn der Neuzeit zu einem Problem, mit dem sich die politische Theorie befasst. Zwar finden sich Klagen über die Gewalt des Krieges in historischen Quellen aus allen möglichen Zusammenhängen. Doch bis weit in das 19. Jahrhundert hinein ist der Krieg, die organisierte Gewalt zwischen politischen Verbänden, eine allgemein akzeptierte Praxis der Politik. Im 19. Jahrhundert bilden sich sogar sozialdarwinistische Positionen heraus, die den Krieg als Teil einer evolutionären Konkurrenz zwischen Völkern betrachten. Houston Stewart Chamberlain, Cecil Rhodes und die Ideologie des Nationalsozialismus stehen für diese rassistische Rechtfertigung des Krieges.

Wie im Folgenden in einer kurzen Vorstellung wichtiger historischer Stationen des Denkens über die Berechtigung des Krieges gezeigt werden soll, beginnt die Ächtung des Krieges eigentlich erst nach dem Ersten Weltkrieg politisch wirksam zu werden. Mit sich verändernden normativen Bezügen im Innern von Staaten und angesichts der Millionen Opfer, die die industrialisierte Kriegführung zwischen 1914 und 1918 bewirkte, setzt eine Reflexion über die Sinnhaftigkeit und die Verantwortbarkeit des Krieges auch in den Spitzen von Regierungen ein. Die Kritik des Krieges durch Philosophen und Theoretiker war da, wie im nächsten Abschnitt zu sehen sein wird, bereits einige Jahrhunderte alt.

In der europäischen Antike wie im alten China galt der Krieg als eine normale politische Erscheinung. Bei Thukydides, der mit seinem Werk über den *Peleponnesischen Krieg* (1957) aus dem fünften vorchristlichen Jahrhundert als erster europäischer Theoretiker des Krieges gilt, ebenso wie bei Sunzi, der seine *Kunst des Krieges* (1988) im antiken China etwa zur gleichen Zeit schrieb, wird der Krieg zwar nicht verherrlicht. Seine zerstörerischen Eigendynamiken sind beiden Autoren bekannt. Sunzi wenigstens empfiehlt in seinem Werk über Strategie deshalb zunächst die Kriegsvermeidung. Doch eine Ächtung des Krieges und eine allgemeine Problematisierung der Gewalt enthalten diese Werke nicht. Wie ihre Zeitgenossen und das politische Denken für lange weitere Jahrhunderte halten Thukydides und Sunzi den Krieg für eine unvermeidbare Pathologie der Macht, für ein deshalb letztlich normales politisches Phänomen.

In den normativen Theorien des Krieges wird über die Frage gestritten, ob und unter welchen Umständen Staaten gegenüber anderen Staaten Gewalt einsetzen dürfen. Bis heute ist diese Frage ebenso verschieden beantwortet worden wie die nach den Grenzen der innerstaatlichen Gewaltordnung.

Drei Positionen zur Begründung und Begrenzung des Krieges werden in diesem Abschnitt vorgestellt, der dann mit einer fundamentalen Kritik des Krieges durch den Pazifismus endet.[22] Das ist zum einen die Lehre vom gerechten Krieg, die ihre Anfänge im römischen Reich hat, aber vor allem durch christliche Theologie ihre erste systematische Ausformulierung erhält. In einer inzwischen säkularisierten Form ist sie bis in die Gegenwart ein Referenzpunkt in den Argumentationen für und wider den Krieg geblieben.

Die zweite Position ist eine Theorie internationaler Politik, die Theorie des außenpolitischen Realismus. Sie beansprucht, eine Theorie der Beziehungen zwischen Staaten überhaupt zu sein. Dabei greift sie Argumente und Ideen auf, wie wir sie in der Begründung staatlicher Gewalt schon kennengelernt haben. Dazu gehört die Vorstellung, dass das internationale System, das von Staaten gebildet wird, ein anarchisches System sei. Denn dies begründet eine Ethik der Selbsthilfe, die der Realismus als vielleicht bedauerlich, aber empirisch allein angemessen beschreibt.

Die dritte Position ist die des politischen Liberalismus, deren Spielarten wir hier notgedrungen etwas komprimieren. Die liberale Theorie gibt auf die Frage nach der Begründung von Kriegen die gleiche Antwort wie zur Gewalt im Innern von Staaten: Es gilt das staatliche Gewaltmonopol, aber der Einsatz der Gewalt ist an rechtliche Standards gebunden. Die Idee des Völkerrechts und wiederum Immanuel Kants Vorstellungen eines »ewigen Friedens« von 1795 dienen uns hier zur Veranschaulichung dieser Position. Die Übergänge von diesen Ideen zum tatsächlichen

Pazifismus, den wir am Ende dieses Abschnitts behandeln, sind dann fließend.

Die Begründungen kriegerischer Gewalt sind also selbst Produkt der »Verstaatlichung der Welt«, denn sie entstanden im historischen Prozess der Zentralisierung und Monopolisierung von politischer Herrschaft, zunächst in Imperien und dann in Staaten. Sie sind zugleich ein Produkt auch eines größeren moralischen Wandels. Denn man kann die Tatsache, dass sie als Theorien überhaupt existieren, als einen Beleg für die zunehmende Erklärungsbedürftigkeit von kriegerischem Handeln verstehen.

Theorie des gerechten Krieges

Die Theorie des gerechten Krieges hatte immer dann eine Konjunktur, wenn in Krisenzeiten unterschiedliche Moralvorstellungen gleichzeitig galten und dies die etablierte Ordnung bedrohte. Schon die römische Philosophenschule der Stoa formulierte eine Ethik, die die Gewalt (*violentia*) als ungezügelte Leidenschaft kritisierte. Sie lieferte wichtige Anstöße für die Maximen, mit denen Cicero erste Kriterien für einen *bellum iustum*, den gerechten Krieg, entwickelte. Christliche Theologen formulierten dann die Theorie des gerechten Krieges. Aber auch dieser war keine allgemeine Ächtung des Krieges, sondern eine Theorie, die die Legitimität des Krieges an bestimmte Voraussetzungen band.

Augustinus (354-430), einer der »Kirchenväter« der Spätantike, verband das philosophische Erbe der Antike mit einer christlichen Theologie in einer dualistischen Konzeption von zwei Welten, einer irdischen und einer göttlichen. Diese Konzeption erlaubte es, politische Prinzipien theologisch, also aus der Offenbarung in der Schrift abzuleiten. Das galt aus seiner Sicht auch für den Krieg. Für Augustinus war der Krieg bereits die Ausnahme, der Frieden der Normalfall. Gleichwohl lassen sich aus seiner Sicht ethisch begründete Prinzipien für einen »gerechten Krieg« angeben: Der Krieg müsse von einer rechtmäßigen Obrigkeit (*auctoritas principis*) erklärt werden, er dürfe nur Unrecht ahnden (*causa iusta*) und er müsse in gerechter Gesinnung (*recta intentio*) geführt werden (vgl. Bellamy 2006: 25 ff.). Zu Letzterer zählt nach Augustinus indes auch die Verbreitung des christlichen Glaubens. Zweck des Krieges sei aber immer die Herstellung des irdischen Friedens, der indes immer nur ein temporärer sein könne (vgl. Janssen 1975: 548).

Auch für Thomas von Aquin (ca. 1225-1275), den einflussreichsten der christlichen Philosophen des Mittelalters, gelten die gleichen Prinzipien des gerechten Krieges: *auctoritas principis*, *causa iusta*, *recta intentio*. Nicht aus niederen Motiven wie Habgier oder Rachsucht dürften Kriege geführt werden, und ihr übergeordneter Zweck sei immer die Wiederherstellung eines Rechtszustands und damit eine Orientierung am irdischen Frieden, der gottgewollt sei.

Gegen die Lehren vom gerechten Krieg lassen sich viele Einwände formulieren. Einer der gewichtigsten ist sicher, dass keiner dieser Entwürfe Angaben darüber enthält, wie die Erfüllung der Maximen erfolgen könne. Statt Institutionen und Verfahren zu benennen, verlassen sich jedenfalls die christlichen Konzeptionen auf die Gesinnung der Handelnden. So sind sie auch im Rückblick nicht als universale Theorien zu verstehen. Sie scheinen gebunden an eine vorgängige Zustimmung zu wesentlichen Gehalten des christlichen Bekenntnisses.

Dies änderte sich jedoch spätestens im 20. Jahrhundert mit der Gründung internationaler Organisationen, die auch Zuständigkeit für die Frage rechtmäßiger Kriegsentscheidungen beanspruchten. Der Völkerbund und die Vereinten Nationen mussten in ihren Satzungen die Frage, wann eine militärische Handlung berechtigt ist und wann nicht, auf eine rationale und säkulare Basis stellen. Die Argumente der Theorie des gerechten Krieges sind dafür relevant geworden.

Obwohl heute viele Autoren diese Theorie für obsolet halten – das geltende Völkerrecht könne als eine bessere Alternative angesehen werden –, hat die Diskussion um die Idee des gerechten Krieges nicht aufgehört. Dies wohl auch deshalb, weil das Völkerrecht nicht für alle Fälle eindeutige Antworten gibt und weil seine Gehalte selbst interpretationsbedürftig sind oder aber von einzelnen Regierungen als nicht maßgeblich angesehen werden.

Dennoch hat die Diskussion um das Konzept des gerechten Krieges bis heute angehalten.[23] Michael Walzer (geb. 1935) hat den in jüngerer Vergangenheit prominentesten Beitrag vorgelegt. Sein Werk *Just and Unjust Wars* (1977, dt. 1982) unterstreicht noch einmal die Ächtung des Angriffskrieges, hebt zugleich aber die Berechtigung von Interventionen unter bestimmten Bedingungen hervor. Auswärtige Regierungen können ihm zufolge in laufende Gewaltkonflikte intervenieren, sofern dort eine Sezession, also eine gewaltsam durchgesetzte Abtrennung eines Gebiets droht. Ein zweiter Fall ist der einer Gegenintervention, wenn also schon ein anderer Staat in die Auseinandersetzungen involviert ist. Der dritte Fall schließlich sollte sich als der zukunftsträchtigste in der Diskussion erweisen, nämlich das Vorliegen gravierender Menschenrechtsverletzungen.

Walzer wird gemeinhin dem Theorienstrom des Kommunitarismus zugeordnet, einer Position, die sich in den 1970er Jahren in den USA gegen den liberalen Mainstream formierte, indem sie auf die Notwendigkeit einer traditionalen Fundierung ethischer Positionen verwies. Walzers Theorie des gerechten Krieges kann man genau so lesen – als eine Fortsetzung der abendländischen Traditionen des Denkens über den gerechten Krieg. In seiner Argumentation greift er zwei Traditionen auf, nämlich einmal die des *ius ad bellum*, also die Frage nach der Rechtfertigung einer Kriegsteilnahme, und die des *ius in bello*, also die Diskussion über das Recht im Krieg. Für Walzer, der ein scharfer Kritiker des Engagements der USA in Vietnam war, ist vor allem eindeutig, dass auch die moralisch überlegene Seite keine Berechtigung hat, im Krieg die Standards des *ius in bello* zu verlassen. Er richtet sich damit gegen die Logik vieler Militärs und Geheimdienste, die die Standards des Kriegsvölkerrechts dem militärischen Sieg opfern würden.

Der Realismus

Während Walzer eine dezidiert normative Theorie über die Berechtigung und Grenzen der Kriegführung durch Staaten vorgelegt hat, ist die prominenteste Theorie internationaler Beziehungen ihrem eigenen Verständnis nach »wertfrei«. Sie postuliert ihre Maximen als von »der Realität« abgeleitet und beansprucht deshalb die Bezeichnung des Realismus. Entsprechend beansprucht sie auch, realistische Aussagen über die Möglichkeit des Friedens, also die Vermeidung von Gewalt zwischen Staaten zu machen.

Die Arbeiten von Hans Morgenthau (1948), John Hertz (1959) und die spätere Ausformulierung als »Neorealismus« durch Kenneth N. Waltz (1979) sind als Theorien im Gefolge des Ersten und Zweiten Weltkriegs entstanden, aber ihr Erfolg ist sicher dem langen Ost-West-Konflikt geschuldet, der über Jahrzehnte das Denken über internationale Politik bestimmte. Aus der Sicht der Realisten handelte es sich bei dieser weltpolitischen Konstellation sogar um eine vergleichsweise stabile, weil sie eine überschaubare Struktur aufweist. Sie erwarteten deshalb auch nach dem Ende des Konflikts erneute weltpolitische Instabilität und erklären die Kriege, an denen die USA sich beteiligten, als Teil eines Hegemoniestrebens in nicht überwindbaren Machtkonkurrenzen der internationalen Politik.

Der Realismus geht wie marxistische Ansätze davon aus, dass Staaten Interessen haben. Doch damit sind nicht die Interessen der herrschenden Klassen gemeint. Der Realismus teilt eher die klassische Staatsauffassung, die weiter oben in Abschnitt 3.1 vorgestellt wurde: Staaten beanspruchen Souveränität, sie monopolisieren die Gewalt auf ihrem Territorium und verhalten sich in der internationalen Politik unter den Bedingungen der Anarchie: Weil es keine Weltregierung gibt, gilt das Selbsthilfegebot. Ob Staaten kapitalistisch, sozialistisch oder islamistisch sind, spielt für ihre Außenpolitik – wenn sie verantwortlich und rational betrieben wird – keine Rolle. Allein die Sicherheit das Staates, sein Überleben und die Ausdehnung seiner Macht zählen. Insofern ist der Realismus die außenpolitische Theorie der Staatsräson. Und weil Staaten keine andere Möglichkeit haben, ihr Überleben zu sichern, als gelegentlich zur Gewalt zu greifen, sind Kriege auch nicht vermeidbar. Der Realismus überträgt damit das Hobbes'sche Gesellschaftsbild auf die Staatenwelt und ist, was den Frieden angeht, eher pessimistisch. Unter Bedingungen der Anarchie gilt das Selbsthilfegebot, und das schließt den Rückgriff auf Gewalt ein. Die Gewalt ist in dieser Theorie eine Naturtatsache, ähnlich wie in der Theorie von Thomas Hobbes.

Morgenthau negiert nicht die Existenz von Moral, aber er hält es für fatal, moralische Prinzipien zur Leitlinie für Außenpolitik zu machen. Staaten haben Interessen, sie streben ihren Selbsterhalt und die Erweiterung ihrer Macht an. Wer den Frieden erreichen will, sollte dafür sorgen, dass über Bündnispolitik ein Gleichgewicht zwischen Bündnissen entsteht, damit die Expansionsgelüste von Staaten eingehegt werden könnten. Die einzige andere Form internationalen Friedens sei die Hegemonie eines einzelnen Staates, die aber wegen der erwartbaren konkurrierenden Aspiranten besonders instabil sei. Der Frieden ist nach Auffassung des Realismus aber in jedem Fall nur temporär, weil er auf die Kunst der Staatsmänner angewiesen bleibt, die Machtverhältnisse in Bündnissen auszutarieren und die Außenpolitik nicht zu ideologisieren. Zwar würden Staaten auch das Völkerrecht nutzen, aber nur, wenn ihnen dies mit Blick auf den eigenen Vorteil sinnvoll erscheine. Vermeidbar sei Krieg aber letztlich nicht, weil sich das Machtstreben von Menschen und Staaten nicht abschaffen lasse.

John Hertz (1908–2005), wie Morgenthau aus Deutschland in die USA geflohen, war ursprünglich ein liberaler Denker der internationalen Politik und hat wie viele andere nicht zuletzt durch seine Erfahrungen mit politischer Verfolgung in Deutschland und Europa im US-amerikanischen Exil seine Position dem Realismus angenähert: Wie die Verhältnisse im Innern von Staaten, so seien auch die Beziehungen zwischen Staaten durch ein »Sicherheitsdilemma« bestimmt: Weil schon zwei Staaten sich über die Intentionen des jeweils anderen nicht sicher sein könnten, sei es sicherer aufzurüsten, als auf die guten Absichten des Nachbarn zu vertrauen. Es gebe also empirische Gründe für die Tendenz von Staaten, in gefährliche Rüstungswettläufe einzutreten, und allein die gegenseitige Abschreckung der automatisch entstehenden Bündnisse könne eine temporäre Gewähr für einen Frieden bieten.[24]

Der Realismus ist bis heute als Doktrin außenpolitischen Handelns global außerordentlich erfolgreich, auch wenn er als Theorie akademisch viel an Unterstützung verloren hat, besonders in Deutschland und Skandinavien. In den USA, in Russland und auch in den *Think Tanks* kleinerer Staaten und Regionalmächte stellt er hingegen nach wie vor die dominante Auffassung internationaler Politik dar. In der wissenschaftlichen Diskussion über den Krieg konkurriert er mit vielen anderen Ansätzen, die aber weniger als normative Theorien konzipiert werden denn als empirische Theorien. Sein eigentlicher »Gegenspieler« ist die liberale Auffassung internationaler Politik, die durchaus ein ethisches Fundament besitzt, auf das hier als dritte Position zur Frage der Berechtigung von Kriegen eingegangen werden soll.

Liberalismus und Völkerrecht

Das moderne Völkerrecht hat universelle Ansprüche, die sich mehr und mehr von religiösen Begründungen entkoppeln. Zwei Traditionen sind auch hier wieder zu unterscheiden, die naturrechtliche und die vernunftrechtliche. Für die Erstere steht Hugo Grotius (1583–1645), der mit seinem Werk *De jure belli ac pacis* (1625) ein Grundlagenwerk für das moderne europäische Völkerrecht geschaffen hat. Zuvor und zeitgleich wirkten besonders in Spanien weitere Völkerrechtslehrer, die an den ersten Systematisierungen ebenfalls einen erheblichen Anteil hatten.

Das Völkerrecht wird in dem langen Zeitraum zu einer Theorie systematisiert, in dem die europäischen Mächte mit Gewalt überseeisch expandieren und die Frage auftaucht, wie die Ansprüche auf die nicht-europäischen Gebiete untereinander begründet werden. Wie die christliche Lehre vom gerechten Krieg definierte das Völkerrecht also lange Zeit den größten Teil der Weltbevölkerung einfach aus seinem Geltungsbereich heraus. Bis ins 20. Jahrhundert hinein ist es so Teil einer Legitimierung kolonialer Weltordnungen. So entsteht auch Grotius' Werk in der handelskolonialistischen Konkurrenz zwischen Spanien, Portugal und den Niederlanden.

Grotius hat eine besondere Stellung in der Geschichte des Völkerrechts, weil der wichtigste Versuch einer frühen Systematisierung auf ihn zurückgeht. Er steht aber noch in der naturrechtlichen Tradition, die allgemeine Gesetze aus der natürlichen Offenbarung ableitet. Zu Grotius' Zeiten ist sie dabei aber noch nicht frei von religiösen Argumenten.

Für Grotius ist der Krieg schon *ultima ratio*, also das letzte Mittel, um Konflikte zwischen Regierungen zu entscheiden. Er kennt drei Zwecke, zu deren Erfüllung legitimerweise Krieg geführt werden kann: das Selbstverteidigungsrecht bei unmittelbarer Bedrohung; die Wiedererlangung eines Guts, das unrechtmäßig entwendet wurde; und schließlich eine schwerwiegende Verletzung des Naturrechts durch einen Staat. Bereits Grotius verkoppelt aber diese Gründe für einen Krieg auch mit Regeln, die im Krieg zu beachten sind, also mit einem *ius in bello*: Frauen und Kinder seien zu schonen, bei den militärischen Handlungen sei die Verhältnismäßigkeit der Mittel zu wahren, die Immunität von Diplomaten sei zu gewährleisten und die formellen Vereinbarungen zwischen Staaten seien durch den Krieg nicht außer Kraft gesetzt.

Wie Samuel Pufendorf (1632–1694), der das *ius in bello* ebenfalls als Teil der völkerrechtlichen Beschränkung des Krieges sah, begründete Grotius seine Normen in den Ideen des Naturrechts, einer Rechtstheorie, die von allgemeingültigen Aussagen ausging, welche ihr vernünftig und in diesem Sinne »gottgewollt« erschienen, aber nicht mehr aus einem religiösen Bekenntnis und auch nicht aus biblischen Texten abgeleitet wurden.

In der realen Politik der europäischen Staaten wurde der Krieg allerdings weiterhin als normale Erscheinung des politischen Lebens aufgefasst, trotz der immer vorhandenen Schuldvorwürfe in jedem einzelnen Fall. Aber grundsätzlich blieben alle Staaten zur Kriegführung berechtigt, weil man die jeweils subjektiv geglaubte Rechtmäßigkeit der Ansprüche anerkannte: *bellum iustum ex utraque part*, also der gerechte Krieg jeder Seite, hieß die Formel für die sich als souverän betrachtenden Staaten, die keine höhere Autorität mehr über sich anerkannten. Die Fortdauer des »bellizistischen Zeitalters« der Frühen Neuzeit hat aber die weitere theoretische Diskussion über die Legitimität von Kriegen nicht verhindert, sondern eher befördert.

Das Völkerrecht hat insbesondere im liberalen bürgerlichen Lager Unterstützer gefunden. Man kann ihm generell eine Wahlverwandtschaft mit liberalen politischen Positionen zusprechen, auch wenn zahlreiche konservative und marxistische Denker seinen Wert erkannt haben. Die theoretische Weiterentwicklung des Völkerrechts im Sinne einer normativen Fundierung jedoch geschah fast ausschließlich durch liberale Denker.

So findet sich die vernunftrechtliche Begründung des Völkerrechts bei Immanuel Kant am prägnantesten ausgeprägt. Seine Rechtstheorie ist in Abschnitt 3.1 schon vorgestellt worden, und an sie wird hier direkt angeschlossen. Für Kant gilt zwischen Staaten, was auch zwischen einzelnen Menschen gilt: Weil sie vernunftbegabt sind, müssen sie in einen Rechtszustand zueinander treten. Kant hatte wie die Theoretiker der Frühen Neuzeit die Realität des Krieges selbst erlebt. Im Siebenjährigen Krieg (1756–1763) war seine Heimatstadt vom russischen Heer eingenommen worden, er beobachtete die militärisch betriebene Expansion Preußens unter Friedrich dem Zweiten, und Preußen beteiligte sich zudem an den Koalitionskriegen gegen das revolutionäre Frankreich. Er kannte auch die naturrechtlichen Begründungen für eine legitime Kriegführung durch Grotius und Pufendorf, aber er engte sie nach seinen Erfahrungen der Instabilität des Friedens noch einmal ein: Voraussetzung für den Frieden ist zunächst die Unterordnung der einzelnen Menschen unter die Rechtsform des Staates (vgl. oben). Die Beziehungen zwischen Staaten können aber nicht auf Machtunterschiede gegründet sein, die Vernunft zwingt auch hier dazu, widerspruchsfreie Regeln zu entwickeln und einzuhalten. In seinem Entwurf *Vom ewigen Frieden* (1795) fordert Kant deshalb die Errichtung einer Föderation von Staaten, die »als ständiger Kongress« die Konflikte zwischen Staaten nach den Regeln des Völkerrechts behandeln. Die moralisch-praktische Vernunft, ein im Menschen angelegtes Urteilsvermögen, spreche »ihr unwiderlegliches Veto aus: Es soll kein Krieg sein, weder der, welcher zwischen mir und dir im Naturzustande, noch zwischen uns als Staaten« (Kant 1986: 176). Auf dieser Grundlage entwickelt Kant eine rationale Theorie der Beziehungen zwischen Staaten, die als moralischer Maßstab gilt, unabhängig davon, ob sie erreichbar ist oder nicht. Im Ergebnis ist für Kant Kriegführung nur noch dann berechtigt, wenn die Handlung eines Staates diese Rechtsordnung gefährdet. Kants Standpunkt nimmt also die Norm vorweg, die erst mit der UN-Charta von 1945 völkerrechtlich bedeutsam wird.

Die Theorie des Völkerrechts geht grundsätzlich davon aus, dass sich die Verhältnisse zwischen Staaten auch ohne eine zentrale Instanz in rechtsförmige Beziehungen transformieren lassen. Ganz wie in der liberalen Staatstheorie wird der Vertrag als Grundform dieser Verrechtlichung internationaler Politik gedacht. So kann auch das moderne Völkerrecht, das mit Grotius erstmals eine systematische Gestalt gewinnt und dessen Begründung mit Kant eine weitere philosophische Rationalisierung erfährt, keine übergeordnete Institution benennen, die über die Berechtigung von Kriegen entscheiden könnte. Aber die liberalen Denker des Völkerrechts setzen sich von Anfang an zum Ziel, auch den Krieg zu verregeln. Im 20. Jahrhundert entwickelt sich die Theorie des Völkerrechts dann so weit, dass sie fast keine Begründung des Krieges mehr zulässt: Mit der Sanktionierung des Angriffskrieges und der zunehmenden Verrechtlichung der internationalen Politik erscheint aus Sicht des Völkerrechts jeder kriegerische Konfliktaustrag als illegitim. Die einzige Ausnahme bildeten solche Kriege, die der Wiederherstellung des internationalen Friedens oder der Abwehr einer Gefahr dienen. Ganz im Sinne der liberalen Theorien von Kant und Locke wird die Geschichte des 19. und 20. Jahrhunderts dabei als Fortschrittsbewegung interpretiert: Das Zurückdrängen des zwischenstaatlichen Krieges wird als Erfolg des Völkerrechts gewertet. Staaten lernen offenbar, und die Gewalt zwischen Staaten wird zunehmend dysfunktional. Es ist aber ein fortlaufender Streit, ob man die internationalen Interventionen, die heute mit UN-Mandat betrieben werden, als Teil dieser Zurückdrängung der Gewalt auffassen soll, wie dies liberale Autoren tun (Mueller 1990). Man kann kritisch einwenden, dass die bisherigen Interventionen sich auf die Gebiete konzentrieren, die auch vorher schon Gegenstand europäischer Langzeitintervention waren, nämlich des Kolonialismus, während eine Abrüstung unter mächtigen Staaten nicht zu beobachten sei.

Dass das Völkerrecht bis heute so oft gebrochen wurde und immer noch umstritten ist, kann man sicher zum Teil durch die nationalistische Aufladung der Außenpolitik seit dem 19. Jahrhundert erklären. Der Patriotismus und die nationalistische Aufwallung fördern die Eskalation eher und machen die Orientierung am Recht schwieriger.[25]

Die Anhänger des Völkerrechts, die fast sämtlich im politischen Liberalismus verwurzelt sind, betonen denn eher die langfristig emanzipatorischen Wirkungen des Völkerrechts. Denn die Normen des Völkerrechts sind schließlich im nachkolonialen Zeitalter auch für die anderen Weltgegenden mindestens *de jure* wirksam geworden.

Dass diese Normen *de facto* nicht durchgehend Wirkung erlangten, ist von zwei anderen Lagern der politischen Theorie mit unterschiedlichen Argumenten erklärt worden. Eine kritische, an Marx orientierte Sicht auf internationale Politik hat vor allem die Nichtbeachtung der völkerrechtlichen Normen durch vom Kapitalismus dominierte Staaten im Blick: Immer dann, wenn wirtschaftliche oder Ordnungsinteressen der westlichen Staaten dies erfordert hätten, würden diese Staaten auch trotz der von ihnen propagierten Normen Krieg führen. Ähnlich argumentiert der außenpolitische Realismus, die Gegenposition unter den Theorien internationaler Politik. Er verweist darauf, dass die Praxis des Völkerrechts eher ein Kompromiss der mächtigen Staaten sei. Macht, nicht Recht, entscheidet dieser Theorie zufolge in der internationalen Politik.

Zusammenfassend fällt auf, wie eng die Entwicklung von Theorien über die Berechtigung von Kriegen mit der geschichtlichen Entwicklung des modernen Staatensystems zusammenhängt. Die theoretischen Argumente entwickeln sich im Zuge des Prozesses der europäischen Expansion, also der Ausdehnung europäischer Staaten als koloniale und imperiale Mächte. Dieses Ungleichgewicht hat seine Fortwirkungen bis in die heutige Zeit, wie wir im nächsten Abschnitt noch diskutieren werden.

Doch zugleich ist erkennbar, dass die Theoretisierungen der Frage über die Berechtigung von Kriegen und die Bedingungen des Friedens eine Rationalisierung erfahren. In allen diesen Theorien kommen jeweils unterschiedliche Werthaltungen zum Ausdruck, die mit politischen Positionen verbunden bleiben. Aber zugleich lassen sich diese Theorien als rationale Versuche fassen, das Ordnungsproblem der Gewalt, das wir in der Einleitung dieses Bandes formuliert haben, auf internationaler Ebene einer rationalen Lösung zuzuführen. Wie wir im Schlusskapitel zeigen wollen, ist dies bis in die Gegenwart eine der heftigsten, aber auch interessantesten Auseinandersetzungen geblieben.

3.4 Die Kritik des Krieges und der Gewalt

Die Begründungen des Krieges haben zu allen Zeiten Widerstand überwinden müssen. Wie wir in der Einleitung schon hervorgehoben haben, hängt die Emergenz des Gewaltproblems eng mit der Kriegsgeschichte Europas zusammen. Den Zeitgenossen kriegerischer Gewalt standen die zerstörerischen Folgen immer allzu deutlich vor Augen. Besonders mit der Ausformulierung des christlichen Glaubens entstanden im europäischen Diskurs Vorstellungen von einer nicht-kriegerischen und schließlich gänzlich gewaltfreien Gesellschaft, die wir hier abschließend nur kurz auswahlhaft umreißen wollen. Sie sind gewissermaßen »Anti Theorien« der Gewalt, denn in ihnen geht es nicht um die Erklärung oder Begründung der Gewalt, sondern um die Erklärung und Begründung ihrer Abwesenheit.[26] Dabei sind die Grenzen zwischen den schon dargestellten Theorien internationaler Beziehungen und den radikal-pazifistischen Positionen durchaus fließend. Was sie eint, ist der Impuls der Kritik der Gewalt.

Jenseits der christlichen Theologie und der antiken Friedensvorstellungen ist es vor allem im Humanismus erstmals zu theoretischen Ausarbeitungen über den Frieden gekommen. In den Appellen des Erasmus von Rotterdam (ca. 1469–1536), einem Repräsentanten dieser Strömung, verbinden sich noch christliche Moral und die Erschütterung über die Gewalttätigkeit der beginnenden Frühen Neuzeit Europas. Die Formierung der absolutistischen Staaten und die häufigen Kriege zwischen und innerhalb politischer Gebilde, die damit verbunden waren, stellten den Hintergrund dieser Appelle dar. Es sind außerdem die Erfahrungen der Glaubenskriege nach 1500, die das Nachdenken über Krieg und Frieden auslösen. Dabei ist das Ideengut der christlichen Theologie noch lange der maßgebliche Ideenvorrat. Und so blieben auch Erasmus' Schriften eher moralischer Appell. Eine wirkliche Theorie stellen sie noch nicht dar.

Das ändert sich schon mit den Friedensentwürfen von Émeric Crucé (um 1590–1648), einem französischen Mönch, der 1623 mit der kleinen Schrift *Der neue Kineas* eine Idee propagierte, die zu den klassischen internationalen Friedensmodellen gehört: die ständige Versammlung der Staaten. Crucé schlug eine Weltversammlung vor, an der auch die nicht-europäischen Völker teilhaben sollten. Das Gegenstück hierzu stellte der Plan des Herzogs von Sully (1590–1641) vor, der dem französischen König Heinrich IV. gedient hatte und in seinen Memoiren von den gemeinsamen Ideen einer Friedensordnung in Europa berichtete. Beide dachten dabei an eine Föderation von Staaten, der ein gewählter König vorstehen sollte. Dieses »*grand dessein*« beinhaltete neben einer Korrektur der Grenzen zugunsten kleiner Länder die vertragliche Vereinbarung religiöser Toleranz und eine Reduzierung der Militärausgaben.

Neben die Idee des christlichen Universalreichs, das die Friedensvorstellung noch des Mittelalters gewesen war, trat damit die Idee der Föderation von Staaten, die auch die späteren Friedensentwürfe etwa des Abbé St. Pierre (1658–1743) oder Immanuel Kants (1724–1804) prägte. Bezieht man die oben diskutierte Vorstellung des Realismus vom Frieden durch ein »Gleichgewicht der Mächte« mit ein, so sind es vor allem drei Ideen, die das Nachdenken und die Theorien des Friedens in der europäischen Geistesgeschichte prägen: die Vorstellung des Universalreichs, das auf gleichem Glauben oder doch geteilten Normen basiert; die Idee des Gleichgewichts der Mächte, die sich als Bündnisse gegenüberstehen und durch Abschreckung wenigstens einen vorübergehenden Frieden zwischen Staaten erlauben; und drittens die Vorstellung der Verrechtlichung der Beziehungen zwischen Staaten in einer Föderation oder einem Staatenbund.

Diese letzte Vorstellung steht in einer Art Wahlverwandtschaft mit der Tradition des liberalen politischen Denkens. Die utilitaristische Spielart des Liberalismus, wie sie Jeremy Bentham (1748–1832) verkörpert, sieht im Krieg eine Pathologie, die durch die Durchsetzung des Eigeninteresses der Bürger obsolet wird. »Nationalstolz« und »Monarchenhochmut« stünden, so Bentham in seinen *Principles of International Law* (1848), dem Frieden entgegen, doch die wirtschaftliche Vernunft werde die Menschen über kurz oder lang zur Einsicht in seine Notwendigkeit führen.

Nicht utilitaristisch, sondern vernunftphilosophisch argumentierte Immanuel Kant in seinem Entwurf *Zum Ewigen Frieden* von 1795, den wir weiter oben schon angesprochen haben. Darin verband Kant die These der friedensfördernden Rolle des Handels mit den Ideen, wie sie der Abbé St. Pierre oder Crucé schon entwickelt hatten. Kant zufolge sind vor allem die demokratische Verfasstheit von Staaten und die Errichtung eines Staatenbundes nötig, um die Chancen auf dauerhaften Frieden zu erhöhen. Weniger oft zitiert, von Kant aber gleichermaßen betont wird die Abschaffung der stehenden Heere und der Spionage.

Ganz andere Impulse und andere Folgerungen ergaben sich aus den Reflexionen religiös inspirierter Autoren, die sich eher an den Rändern der europäischen Reiche bewegten. Mahatma Gandhi (1869–1948) und Leo Tolstoi (1828–1910) sind die sicher prominentesten Kritiker der Gewalt, die dem eigentlichen Pazifismus zuzurechnen sind.

Tolstoi war selbst Kriegsteilnehmer. Er hatte nach 1851 sowohl die imperiale Eroberung des Kaukasus durch Russland, dann aber auch den ausgesprochen verlustreichen Stellungskrieg im Krimkrieg (1853-1856) miterlebt. Nicht nur *Krieg und Frieden* (2003 [1868/69]), sein umfangreichster Roman, ist von Reflexionen über militärische Gewalt, ihre politischen, sozialen und psychischen Ursachen und Konsequenzen durchzogen. In mehreren Flugschriften wendet sich Tolstoi vor allem am Ende seines Lebens mit einem klaren anarchistischen Einschlag gegen die Gewalt des Staates, aber auch gegen die Gewalt der Revolutionäre. Die revolutionäre Gewalt würde nur neues Elend produzieren, das Niveau »sozialer Sittlichkeit« senken und zu moralischem Verfall führen. Das Volk solle sich dem Polizei- und Militärdienst verweigern, die Gewaltakte nur ertragen, und durch diesen Ungehorsam den Staat, der es unterdrücke, langsam auflösen. Tolstois Pazifismus ist eindeutig christlich fundiert, und seine Appelle, die noch keine systematische Theorie darstellen, gründen sich auf den Glauben an die Volksreligiosität in Russland. Im Christentum glaubte Tolstoi zugleich die Möglichkeit zu sehen, den am Ende des 19. Jahrhunderts kriegsfördernd gewordenen Patriotismus zu überwinden.

In den politischen Schriften seiner letzten fünf Lebensjahre entwickelt Tolstoi also eine Gegenposition zur klassischen Staatsauffassung, indem er argumentiert, dass mit Gewalt keine Gefolgschaft erzwungen werden könne (1986: 156). Sie führe immer nur zur politischen Polarisierung. Auch Tolstoi glaubt hier einen historischen Lernprozess zu beobachten, weil der Gewalteinsatz der zaristischen Polizei und des Militärs nicht nur in der Bevölkerung, sondern auch in den Truppen selbst als immer illegitimer angesehen wurde. Doch solange auch ein demokratisches Russland nichts an den sozialen Ungerechtigkeiten ändere, solange werde auch die Gewalt andauern.

In diesen letzten Lebensjahren korrespondierte Tolstoi schließlich auch mit Mohandas Karamchand Gandhi, genannt Mahatma, dem bekanntesten Vertreter gewaltfreien Widerstands im 20. Jahrhundert. Gandhi verband Prinzipien der asketischen Lebensführung und der Gewaltfreiheit aus indischen Religionen mit Elementen des Pazifismus aus anderen Kontexten. Als Anwalt der indischstämmigen Einwanderer in Südafrika wurde er politisiert und nach seiner Rückkehr nach Indien zum Anführer des antikolonialen Widerstands dort. Gandhis Lehre der Gewaltfreiheit (*ahimsa*) und der »Kraft durch Wahrheit« (*satyagraha*) sind zugleich Methoden der ethischen Lebensführung und der politischen Strategie. Letztere besteht vor allem darin, über das Erleiden von Ungerechtigkeit und den gewaltfreien Widerstand die Umkehr des politischen Gegners zu erreichen, einen Antagonismus also ohne Verletzung des Gegners aufzuheben. Diese Lehre versuchte Gandhi zeit seines Lebens durch praktische Erfahrungen und theoretische Reflexion fortzuentwickeln, weshalb er seine Autobiografie (Gandhi 1977) auch »Meine Experimente mit der Wahrheit« nannte.

Tolstoi und Gandhi sind keineswegs isolierte Einzelne, sondern die heute prominentesten Vertreter einer globalen pazifistischen Bewegung, die bereits lange vor dem Ersten Weltkrieg existierte. Der Begriff des Pazifismus ist dabei eine Sammelbezeichnung für eine Reihe von sehr unterschiedlichen Positionen, die teils religiös, teils säkular begründet sind. Anarchisten, Christen unterschiedlicher Konfession und Sozialisten finden sich darunter ebenso wie Feministinnen. Die prominente Rolle von Frauen ist für den Pazifismus insgesamt charakteristisch. Bertha von Suttner (1843–1914) etwa steht ebenfalls für ein evolutionistisches Verständnis, wonach ein unvermeidlicher Fortschritt der Gesellschaft die Pathologie des Krieges überwinden werde. Ganz wie das liberale Friedensdenken setzte auch sie auf eine Institutionalisierung der Beziehungen zwischen Staaten, die eine gewaltfreie internationale Politik möglich machen soll.

Diese Kritik der Gewalt, wie sie aus dem Pazifismus in die politische Strategie des »gewaltfreien Widerstands« mündet, findet nach dem Zweiten Weltkrieg ihre Fortsetzung etwa in der amerikanischen Bürgerrechtsbewegung oder in der europäischen Friedensbewegung. In Deutschland war es insbesondere Theodor Ebert (1980), der aus der Studentenbewegung heraus den gewaltfreien politischen Widerstand als überlegene politische Strategie propagierte und systematisierte. Die Kritik der Gewalt, auf der diese Strategie basierte, bezog sich ganz wie bei Tolstoi oder Gandhi auf die repressiven Tendenzen, die sich im Innern von revolutionären Bewegungen ebenso fänden wie in den von diesen angegriffenen Herrschaftssystemen. Ebert bezog sich allerdings auf die Eigendynamik von gewaltsamen Konflikten und griff hierbei bereits auf die empirische Gewaltforschung (siehe Kapitel 4) zurück. Eine gestaffelte Technik subversiver und konstruktiver Aktionen sollte diese Effekte in sozialen Konflikten einhegen (Ebert 1980: 37ff.).

Die Kritik der Gewalt kann aber auch noch in einer anderen Weise aufgefasst werden. Der Ausdruck »Kritik der Gewalt« lässt sich nämlich in zweierlei Weise interpretieren: Einerseits könnte die Gewalt selbst eine kritisierende Funktion haben und andererseits könnte sie Gegenstand der Kritik sein. Die Kritik des Krieges und der Pazifismus meinten das zweite Verständnis, aber eine kurze Bemerkung zum abschließenden Verständnis ist dennoch angebracht: Es war Georges Sorel, ein französischer Intellektueller, der dieses Verständnis von der befreienden und umwälzenden Wirkung der Gewalt stark gemacht hat. In vielen politischen Theorien des 20. Jahrhunderts ist es präsent geblieben. Georges Sorel (1847–1922) hat wie kaum ein Zweiter im Verlauf seines Lebens mehrfach das politische Lager gewechselt. Während einer eher marxistischen Phase verfasste er seinen berühmten Essay *Über die Gewalt*, der sowohl kommunistische Gruppen wie auch den frühen italienischen Faschismus inspirierte. Darin vertritt Sorel die These, dass die Gemeinschaft, die Voraussetzung einer erfolgreichen Revolution sei, nur durch einen Mythos gestiftet werden könne. Der Generalstreik sei dieser Mythos, der die Einheit revolutionärer Bewegungen schaffe. Dazu diene auch gezielte Gewalt, die Sorel also nicht pauschal befürwortete, sondern gleichsam als begrenzte kollektive Erfahrung für funktional notwendig erachtete.

Für den deutschen Philosophen Walter Benjamin (1892–1940) stellte sich die Frage nach dem Zusammenhang von Gewalt und Legitimität zu Beginn der Weimarer Republik, nachdem er durch die Lektüre von Georges Sorels *Über die Gewalt* von 1908 angeregt worden war. In seinem Essay *Zur Kritik der Gewalt* von 1921 verband er diese Einsichten über die ordnungsumwälzende und ordnungsstiftende Rolle der Gewalt mit einem Blick auf das Recht und die Frage, ob gerechte Zwecke durch das Mittel der Gewalt erreicht werden könnten. Zunächst stellt Benjamin heraus, dass alle kriegerische Gewalt historisch rechtsetzenden Charakter gehabt habe. Entweder habe Gewalt neues Recht gesetzt oder aber schon bestehendes erhalten (1965: 45), und somit verweise auch jeder politische Vertrag auf ein Gewaltverhältnis. Rechtsetzung sei Machtsetzung und »insofern ein Akt von unmittelbarer Manifestation von Gewalt« (1965: 57). Für Walter Benjamin ist also die Lösung des Gewaltproblems historisch selbst immer gewaltsam erfolgt. Auf der Legitimität jeder politischen Ordnung, die über ein solches Gewaltverhältnis zustande gekommen ist, liegt also gleichsam immer ein Schatten.

Mit diesem Hinweis auf den Zusammenhang zwischen der Legitimität einer politischen Ordnung und der bis heute umstrittenen Funktion, die der Staat in der Regelung des Gewaltproblems einnimmt, kommt unsere Darstellung der normativen Diskussionen über die Gewalt und ihre Regelung an ihr vorläufiges Ende; vorläufig deshalb, weil wir nach der Darstellung der eher empirischen und auf Erklärung von Gewalt abzielenden Theorien im folgenden Kapitel ganz am Ende noch einmal auf das Verhältnis der normativen zu den eher empirischen Theorien eingehen wollen.

4. Erklärende Gewalttheorien

Während in den bisher diskutierten Theorien das Legitimationsproblem der Gewalt im Mittelpunkt stand, werden wir im Folgenden Ansätze vorstellen, die sich mit dem Problem der Gewaltkontrolle und den ordnenden Effekten der Gewalt selbst beschäftigen. Diese Reihenfolge der Vorstellung mag zunächst kontra-intuitiv erscheinen, doch ist sie der Geschichte der wissenschaftlichen Auseinandersetzung mit dem Thema geschuldet: Während sich die Rechtfertigung von Gewalthandeln seit dem Aufbruch in die Moderne im 17. Jahrhundert als eines der zentralen Probleme politischer Ordnungen stellte, ist die Frage nach den Dynamiken der Gewalt an die Entwicklung und Ausdifferenzierung empirisch arbeitender Sozialwissenschaften im engeren Sinne geknüpft. Dieser Prozess nahm im 19. Jahrhundert an Fahrt auf. Doch erschwerte, wie im zweiten Kapitel ausführlicher geschildert, die Verstrickung der noch jungen sozialwissenschaftlichen Disziplinen mit dem Projekt der Moderne selbst die sozialtheoretische Auseinandersetzung mit dem Gegenstand. Selbstredend wurden Gewaltphänomene erforscht – aber nicht dort, wo über den Kern und das Wesen moderner Gesellschaften nachgedacht wurde, also nicht in der Gesellschaftstheorie im weiteren Sinne. Die Beschäftigung mit Gewalt wurde an Experten delegiert, die auf Anomalien, Abweichungsphänomene oder das Fremde und Ferne spezialisiert waren. Im Zentrum der Aufmerksamkeit standen die destruktiven Effekte der Gewalt.

Auf diese Weise bringt auch die Gewaltforschung jenes Selbstbild moderner Gesellschaften hervor, dem zufolge Gewalt nur außerhalb ihrer selbst vorkommt. Mit Blick auf diese Ausgrenzungsbemühungen unterscheidet Jan Philipp Reemtsma drei verschiedene Strategien, die sich nicht nur in populären Diskursen, sondern auch in der wissenschaftlichen Auseinandersetzung mit Gewaltphänomenen beobachten lassen (Reemtsma 2006: 7-8): Die erste besteht in der Temporalisierung der Gewalt und rahmt diese als Problem anderer, früherer Zeiten; ihr empirisches Vorkommen in der Gegenwart deutet sie folglich als »Rückfall«. Die zweite Strategie besteht in der Spatialisierung und lässt Gewalt als ein Spezifikum bestimmter Räume erscheinen – »Krisengebiete« oder Todeszellen beispielsweise –, die »noch nicht« am modernen Frieden teilhaben. Die dritte Strategie besteht in der Verrätselung der Gewalt. Wo die Zahl der Täter überschaubar ist, geschieht dies in einer Rhetorik individueller Pathologisierung. Ist – wie im Falle der Völkermorde des 20. Jahrhunderts – die Zahl der Täter so groß, dass dieses Argument an Glaubwürdigkeit verliert, greift, was Reemtsma Verrätselung zweiter Ordnung nennt. Diese besteht im Insistieren auf der Unverstehbarkeit des Geschehenen und im Zur-Schau-Stellen der Ratlosigkeit darüber, wie solche Untaten von »ganz normalen Leuten« vollbracht werden konnten. Wie der Soziologe Wolfgang Sofsky bemerkt, negiert die Verrätselungsstrategie letztlich die Möglichkeit, etwas »Fremdes« überhaupt zu verstehen, und steht damit im Widerspruch zu jeglichem kulturwissenschaftlichen Forschungsprogramm (Sofsky 1993: 18). Dennoch spielt in der Auseinandersetzung mit extremen Formen individueller und kollektiver Gewalt gerade diese Strategie immer wieder eine zentrale Rolle.

Ziel der theoretisch-konzeptionellen Vorschläge, die wir im Folgenden vorstellen werden, ist es, dieser selbstauferlegten sozialtheoretischen Ratlosigkeit etwas entgegenzusetzen. Doch handelt es sich bei diesen »erklärenden Gewalttheorien« um kein einheitliches Forschungsprogramm. Die Ansätze entstammen verschiedenen Disziplinen, von der Soziologie und Ethnologie über die Politik- bis zur Kulturwissenschaft. Darüber hinaus sind sie von unterschiedlichen sozialtheoretischen Traditionen inspiriert, zu denen Phänomenologie und philosophische Anthropologie genauso gehören wie Pragmatismus und Theorien rationalen Handelns. Während für die im dritten Kapitel diskutierten Theorien die Institution des Staates den gemeinsamen Gravitationspunkt darstellt, sind die im Folgenden vorgestellten Entwürfe in der Auseinandersetzung mit verschiedenen empirischen Gegenständen entstanden. Was sie verbindet, ist jedoch der Zugang.

Charakteristisch ist hierbei erstens, dass diese Ansätze neben den destruktiven Wirkungen der Gewalt auch deren produktive Effekte in den Blick nehmen. Besondere Aufmerksamkeit gilt dabei dem Zusammenhang zwischen Gewalt und der Reproduktion oder Transformation sozialer Ordnungen. In dieser Perspektive erscheint Gewalt als ein Geschehen, das soziale und individuelle Strukturen nicht nur zerstört, sondern diese auch hervorbringt, bestätigt oder verändert. Dies bedeutet nun freilich nicht, dass Gewalt normativ gutgeheißen würde. Vielmehr geht es darum, analog zur Analyse anderer Gegenstände, den Blick für die Prozessdynamiken und Struktureffekte von Gewaltphänomenen zu öffnen, anstatt ihn aufgrund normativ-ethischer Bedenken von vornherein zu beschränken. Anders als jene Konzeptionen, die Gewalt nur als zu lösendes Problem thematisieren, streben erklärende Gewalttheorien einen, um mit Max Weber zu sprechen, »werturteilsfreien« Zugang zu ihren Gegenständen an. Dadurch werden sie jedoch keineswegs normativ beliebig oder »wertfrei«. Vielmehr streben sie danach, in der Beschäftigung mit Gewaltphänomenen die Ebenen des Seins und des Sollens analytisch zu trennen (Weber 1988a).

Damit steht eine zweite Gemeinsamkeit der im Folgenden vorgestellten Ansätze in Verbindung, nämlich deren empirische Verankerung. Denn die Frage nach Struktureffekten und Prozessdynamiken von Gewaltphänomenen lässt sich sinnvoll nur mit Blick auf spezifische Gegenstände stellen und beantworten, seien es Bürgerkriege oder Revolten, Armeen oder nicht-staatliche bewaffnete Gruppen, Gefängnisse oder Lager. So sind erklärende Gewalttheorien häufig Frucht sozialtheoretisch orientierter empirischer Analysen, die nicht allein auf der Makro-, sondern vor allem auf der Meso- und Mikroebene operieren. Weil sie sich auch mit den Beziehungen zwischen diesen Ebenen beschäftigen, sind für sie Kategorien zentral, die auf die intermediäre Dimension zwischen Individuen und Gesellschaft verweisen wie z. B. Institution, Organisation, Markt oder Subjekt.

Aus der Kombination dieser beiden Aspekte ergibt sich, drittens, eine theoretische Implikation, die im Kontext unserer Einführung von zentraler Bedeutung ist: Indem die erklärenden Ansätze die Frage nach den Wirkungen der Gewalt auf soziale Ordnungen mit einem Fokus auf empirische Dynamiken verbinden, schlagen sie eine Brücke zu den Klassikern der politischen Theorie und der Staatstheorie. Wie in den vorangegangenen Kapiteln ausgeführt, waren diese sehr wohl sensibel für die zentrale Rolle der Gewalt in der Produktion sozialer Ordnung. Seit Hobbes verhandelt die politische Theorie Gewaltkontrolle als das Grundproblem sozialer Ordnungsbildung. Erklärende Gewalttheorien knüpfen an diese Einsicht an und versuchen zu rekonstruieren, wie sich dieses Problem empirisch stellt und »gelöst« wird. Dabei wird deutlich, dass das Problem der Gewaltkontrolle empirisch niemals isoliert ist, sondern immer zugleich das Problem der Gewaltlegitimation aufwirft, das ebenfalls nach praktischen Lösungen verlangt. Insofern stehen erklärende Gewalttheorien zu den bisher vorgestellten normativen Ansätzen also keineswegs in einem konkurrierenden, sondern vielmehr in einem komplementären Verhältnis.

Die im Folgenden vorgestellten Ansätze zeigen auf, dass Gewalt kein isoliertes soziales Sonderproblem ist, sondern mit anderen sozialen Dynamiken in einer Verbindung steht: mit Herrschafts- und Organisationsformen, mit Marktdynamiken und Disziplinen, mit Affekten und Gewohnheitsstrukturen. So erweitern sie den begrifflichen Kontext der Gewaltforschung und lenken den Blick auf Zusammenhänge zwischen Gewaltdynamiken und anderen sozialen Phänomenen, die von den bisher behandelten normativen Theorien ignoriert wurden. Durch ihren Blick auf Mikrostrukturen gewaltsamer Interaktionen machen erklärende Gewalttheorien außerdem auf eine Reihe von Lücken in der allgemeinen Sozialtheorie aufmerksam. Dies ist besonders deutlich beim Körperbezug der Gewalt sowie den mit ihr einhergehenden emotionalen Dynamiken. Beide Themen wurden von der Sozialtheorie lange vernachlässigt. Ausgereifte Konzepte, auf die eine Sozialtheorie der Gewalt zurückgreifen könnte, stehen nicht zur Verfügung. In diesem Sinne trägt die Arbeit an empirischen Gewalttheorien auch zur Weiterentwicklung von Gesellschaftstheorien bei.[27]

Dieses junge und in keiner Weise konsolidierte Forschungsfeld überblicksartig vorzustellen ist eine Herausforderung. Nicht zuletzt, weil hier die Entwicklung neuerer Ansätze einerseits und die Re-Lektüre klassischer Texte andererseits ineinandergreifen. Anders als im vorherigen Kapitel werden wir die verschiedenen Beiträge deshalb nicht in der chronologischen Reihenfolge ihrer Entstehung vorstellen, sondern sie thematisch ordnen. Wir beginnen mit einer Re-Lektüre klassischer Beiträge zur Herrschafts- und Machttheorie, die zentrale Referenzpunkte für die jüngere Theorieentwicklung darstellen (4.1). In einem zweiten Schritt stellen wir unter der Überschrift »Gewaltphänomenologie« ein ab Mitte der 1990er Jahren entstandenes Forschungsprogramm vor, das die Rekonstruktion der Mikrodynamiken von Gewaltphänomenen zur Grundlage der Analyse von deren Struktureffekten macht (4.2). Danach stehen Beiträge im Zentrum, die die ordnenden Dynamiken und Effekte von Gewalt mit Blick auf spezifische empirische Gegenstandsfelder (Gewaltorganisationen, Bürgerkriegsgesellschaften, Gewaltmärkte, etc.) rekonstruieren (4.3). Den Abschluss bilden theoretische Beiträge, die sich dem Verhältnis von Gewalt und Subjekt in der Reproduktion und Transformation von Gewaltordnungen widmen (4.4).

4.1 Der Brückenschlag: Theorien von Macht und Herrschaft

Empirisch orientierte erklärende Gewalttheorien nehmen, wie bereits geschildert, zentrale Fragestellungen der klassischen politischen Theorie auf und überführen diese in eine sozialtheoretisch orientierte empirische Sozialwissenschaft. Den Weg für diese Wende ebneten soziologisch orientierte Theorien von Macht und Herrschaft, die Herrschaftsformationen als soziale Beziehungen konzeptualisierten und die – mit besonderer Aufmerksamkeit für das Problem der Gewaltkontrolle – die Frage stellten, wie diese Beziehungen entstehen und wie sie sich erhalten. Für die weitere Theorieentwicklung von zentraler Bedeutung sind dabei die bereits im vorangegangenen Kapitel diskutierte Staatstheorie Max Webers und die Machttheorie Heinrich Popitz', die wir hier mit Blick auf ihre Beiträge zu einer empirisch orientierten Sozialtheorie der Gewalt noch einmal aufgreifen. Im Anschluss daran stellen wir den konkurrierenden Entwurf Hannah Arendts vor.

Sucht man nach Konzepten, die das Verhältnis von Gewalt und sozialer Ordnung theoretisieren, ist Max Weber eine fast schon *ad nauseam* zitierte Schlüsselreferenz. Mit seiner Definition des Staates als »diejenige menschliche Gemeinschaft, welche innerhalb eines bestimmten Gebietes [...] das Monopol legitimer physischer Gewaltsamkeit für sich (mit Erfolg) beansprucht« (Weber 1971: 397) hat Weber nicht nur den Begriff des Staates, sondern auch den der Politik nachhaltig an den Begriff der Gewalt gebunden. Anders als viele spätere Autorinnen und Autoren unterscheidet Weber mit Blick auf den Staat nicht zwischen »Gewaltherrschaft« und deren Gegenteil, weil in seiner Perspektive Gewalt das charakteristische Mittel politischer Verbände ist. »Gewaltsamkeit ist natürlich nicht etwa das normale oder einzige Mittel des Staates: – davon ist keine Rede –, wohl aber: das ihm spezifische.« (Ebd.) Darüber hinaus, so ist vor allem bei den sogenannten soziologischen Erneuerern der Gewaltforschung häufiger zu lesen, habe der Autor zu einer Soziologie der Gewalt nichts beizutragen (vgl. beispielsweise Mackert 2013: 94; Trotha 1997: 12).

Doch damit wird der theoretische Beitrag Webers zum Verständnis der empirischen Dynamiken der Gewalt unterschätzt. Jenseits der Betonung des systematischen Zusammenhangs von Politik beziehungsweise Staat und Gewalt – die im Prinzip auch schon in Hobbes' *Leviathan* zu finden ist – machen Webers Arbeiten auf mindestens vier weitere wichtige Aspekte empirischer Gewaltdynamiken aufmerksam.

Erstens ist dies die historische Kontingenz der Herrschaftsform Staat: Ausdrücklich weist Weber darauf hin, dass es empirisch neben der Monopolisierung der legitimen physischen Gewaltsamkeit beim Staat auch andere Lösungen des Problems der Gewaltkontrolle gab und gibt. Das staatliche Gewaltmonopol ist ein modernes Phänomen. »In der Vergangenheit«, so Weber, »haben die verschiedensten Verbände – von der Sippe angefangen – physische Gewaltsamkeit als ganz normales Mittel gekannt.« Dass sie die Verfügungsgewalt über dieses Herrschaftsmittel verloren haben und der Staat sich zur »alleinige[n] Quelle des ›Rechts‹ auf Gewaltsamkeit« gewandelt hat, ist, so Weber, ein Spezifikum der Gegenwart (Weber 1971: 397). Diese Beobachtung stellt eine Gegenposition zu der insbesondere in der jüngeren politischen Theorie betriebenen Verdinglichung des Staates dar und lenkt sowohl das empirische als auch das konzeptuelle Interesse auf dessen funktionale Äquivalente.

Zweitens ist Webers Hinweis auf die Prozesshaftigkeit des Gewaltmonopols von zentraler Bedeutung. Das Gewaltmonopol ist keine statische Größe, keine Eigenschaft, sondern im wahrsten Sinne des Wortes eine Errungenschaft, die kontinuierlich behauptet werden muss. Darauf macht schon die Definition selbst aufmerksam. Im Unterschied zu gängigen Paraphrasierungen ist im Weber'schen Original das Gewaltmonopol weder Attribut noch Objekt des Staates; weder »ist« der Staat das Gewaltmonopol, noch »hat« er es. Vielmehr ist der Staat empirisch definiert als diejenige soziale Instanz, die erfolgreich das Monopol der legitimen physischen Gewalt für sich »beansprucht« (ebd.). Diese Formulierung suggeriert die Notwendigkeit von Einsatz und die Möglichkeit von Widerstand. »Damit er [der Staat, Anm. d. Verf.] bestehe, müssen sich also die beherrschten Menschen der beanspruchten Autorität der jeweils herrschenden fügen. Wann und warum tun sie das?« (Weber 1971: 397-98) Webers Antwort auf diese Frage lässt sich auf zwei Begriffe engführen: Legitimität und Organisation.

Das heißt, die Beherrschten gehorchen – und dies ist Webers dritter wichtiger Hinweis –, weil sie der Herrschaft Legitimität zusprechen, die sich bekanntermaßen aus verschiedenen Quellen speisen kann: sei es Tradition, Charisma oder legale Satzung. Anders formuliert weisen Webers Arbeiten darauf hin, dass empirisch das Problem der Gewaltkontrolle aufs Engste mit dem der Gewaltlegitimation verbunden ist. Weil das Gewaltmonopol keine statische Größe darstellt, sondern letztlich auf ein Ensemble von sozialen Beziehungen verweist, die immer aufs Neue ausgehandelt und behauptet werden müssen, ist eine dauerhafte Einhegung der Gewalt ohne geglaubte Rechtfertigungsgründe nicht möglich.

Für die erfolgreiche Behauptung des Monopols der legitimen physischen Gewalt ist die Existenz dieser inneren Rechtfertigungsgründe jedoch nur eine notwendige, aber keine hinreichende Bedingung. Hinzukommen müssen – und dies ist der vierte wichtige Beitrag Webers – äußere Mittel, in Gestalt von personalem Verwaltungsstab und sachlichen Verwaltungsmitteln (Weber 1971: 399-400). Zur Lösung des Problems der Gewaltkontrolle braucht es also nicht nur – wie von der liberalen Staatstheorie nahegelegt – irgendeine Form von Übereinkunft oder Vertrag. Vor allem braucht es auf Dauer gestellte Organisationen, die der Übereinkunft zur tatsächlichen Geltung verhelfen – im Zweifelsfall dadurch, dass sie mit Gewalt daran erinnern, wer im gegebenen Territorium das Gewaltmonopol für sich beansprucht.

Die Relevanz von Webers Arbeit für die Entwicklung von Gewalttheorien besteht in der Soziologisierung zentraler Argumente der klassischen politischen Theorie, die – anders als die Mehrheit der zu seiner Zeit entstehenden soziologischen Theorien – die zentrale Bedeutung von Gewalt in der Produktion und Reproduktion sozialer Ordnungen deutlich wahrgenommen hat. So eröffnet das Weber'sche Werk die Perspektive einer an empirischen Dynamiken orientierten Gewalt- und Herrschaftssoziologie.

Prominent aufgegriffen wurde dieser Impuls mehr als vier Jahrzehnte nach Webers Tod von dem deutschen Soziologen Heinrich Popitz, der sich ebenfalls im Kontext einer Machttheorie mit dem Problem der Gewalt beschäftigte. Die Tradition der Philosophischen Anthropologie stellt einen wichtigen Einfluss in Popitz' Werk dar, der auch für seine Gewalttheorie bedeutsam ist. Anfang des 20. Jahrhunderts in Reaktion auf die rasant sich entwickelnden Naturwissenschaften entstanden, widmet sich diese philosophische Schule der Erarbeitung eines post-metaphysischen geisteswissenschaftlichen Konzepts vom Menschen, das sowohl dessen Psyche als auch dessen Leiblichkeit erfasst. In diesem Sinne stellt sie die Frage nach dem Wesen des Menschen. Vor dem Hintergrund dieser Tradition entwickelt Popitz in *Phänomene der Macht* (1992)[28] eine anthropologische Fundierung der herrschaftstheoretischen Grundüberlegungen Max Webers (Popitz, 1992: 21). Dessen relationales Machtverständnis aufgreifend, versteht Popitz Macht anthropologisch als »etwas, was der Mensch vermag: das Vermögen, sich gegen fremde Kräfte durchzusetzen« (Popitz 1986: 22). Er unterscheidet vier Grundformen der Macht, die sich auf je spezifische anthropologische Grundkonstellationen zurückführen lassen (hierzu ausführlicher Anter 2012). Die direkteste Form der Macht ist »Aktionsmacht«, deren anthropologische Basis die stets vorhandene Fähigkeit des Menschen ist, anderen Schaden zuzufügen – und geschädigt zu werden.[29] Wie in unserer Einleitung bereits erwähnt, ist die Verbindung von Verletzungsmächtigkeit und Verletzungsoffenheit des Menschen für Popitz Teil der *conditio humana* und ein zentraler Faktor in Prozessen sozialer Ordnungsbildung: »Verletzungsmächtigkeit, Verletzungsoffenheit bestimmen wesentlich mit, was wir in einem fundamentalen Sinne ›Vergesellschaftung‹ nennen. Die Sorge,

Furcht, Angst voreinander ist als ein Modus des Vergesellschaftetseins niemals ganz wegzudenken. Zusammenleben heißt stets auch sich fürchten und sich schützen.« (Popitz 1992: 44) Die ordnungsstiftende Funktion der Aktionsmacht besteht darin, dass sich in einer sozialen Beziehung durch gezielte Schädigung des Anderen Asymmetrien schaffen oder verstärken lassen. So können auf Dauer gestellte Machtbeziehungen entstehen, und zwar dann, wenn es gelingt, den Vollzug der Machtaktion durch Drohung zu ersetzen (Popitz 1992: 46f.).

Gewalt ist die direkteste Form verletzenden Handelns, die auf die organischen Bedingungen der menschlichen Existenz zugreift. Sie ist bei Popitz definiert als die Machtaktion, »die zur absichtlichen körperlichen Verletzung anderer führt, gleichgültig, ob sie für den Agierenden ihren Sinn im Vollzug selbst hat (als bloße Aktionsmacht) oder, in Drohungen umgesetzt, zu einer dauerhaften Unterwerfung (als bindende Aktionsmacht) führen soll« (Popitz 1992: 48). Doch ist in der Popitz'schen Machttheorie – und dies ist Teil der Originalität seines Ansatzes – Gewalt nicht die einzige Form von Aktionsmacht. Denn verletzungsoffen ist der Mensch nicht nur hinsichtlich seines Körpers, sondern beispielsweise auch mit Blick auf Psyche, sozialen Status oder materielle Ausstattung. Deshalb gehören für Popitz Aktionen, die auf die Minderung sozialer Teilhabe oder materielle Schädigung zielen, genauso zur Kategorie der Aktionsmacht wie physische Gewalt (Popitz 1992: 44). Sie können diese sogar ersetzen.

Popitz' Machttheorie führt das konzeptuelle Verständnis von Gewalt deutlich über die von Weber formulierten Grundpositionen hinaus. Zum Ersten betont die anthropologische Perspektive, dass – anders als von der klassischen Staatstheorie suggeriert – mit der Einführung von Regeln der Gewaltkontrolle oder der Etablierung eines Gewaltmonopols das Problem der Gewalt keineswegs als erledigt gelten kann. Und zwar nicht nur weil, wie von Weber ausgeführt, das Monopol durch kontinuierliche organisierte Anstrengungen auch gegen Widerstand behauptet und reproduziert werden muss, sondern weil Gewalt auszuüben eine stets präsente menschliche Möglichkeit darstellt, die kein Vertrag und keine Organisation je zum Verschwinden bringen kann: »Die Verletzbarkeit des Menschen durch den Menschen ist nicht aufhebbar. Kein Erleiden und keine Unterwerfung kann sie irgendwie abgelten.« (Ebd.) So ist für Popitz Gewalt auch solchen sozialen Ordnungen eingeschrieben, die auf den ersten Blick gewaltarm oder gar gewaltfrei erscheinen: »Keine umfassende soziale Ordnung beruht auf der Prämisse der Gewaltlosigkeit. Die Macht zu töten und die Ohnmacht des Opfers sind latent oder manifest Bestimmungsgründe der Struktur des Sozialen.« (Popitz 1992: 57)

Eine zweite wichtige Weiterentwicklung leistet Popitz mit Blick auf das Verhältnis von Macht und Herrschaft einerseits und Gewalt andererseits. Während bei Weber Gewalt ein Mittel in den Händen der Herrschenden und Mächtigen ist, das zur Verfolgung bestimmter Zwecke eingesetzt wird, ist sie bei Popitz eine Erscheinungsform der Macht selbst. Gewalt »ist« Macht, weil sie letztlich ein menschliches Vermögen bezeichnet, nämlich die Fähigkeit, »sich gegen fremde Kräfte durchzusetzen« (Popitz 1992: 22). Die Einführung dieser anthropologisch-existenziellen Perspektive verändert das Bild von auf Dauer gestellten Machtverhältnissen: Wie bei Weber spielt in Popitz' Arbeit das Problem der Legitimität von Herrschaft eine zentrale Rolle. Doch diese lässt sich in seiner Perspektive nicht nur aus Tradition, Charisma oder Verfahren beziehen, sondern auch aus der schieren Furcht vor dem Stärkeren: »[...] Todesangst ist auch eine Quelle der Legitimierung von Herrschaft.« (Popitz 1992: 54) Darüber hinaus verändert die anthropologische Perspektive den Blick auf die Dynamiken der Gewalt selbst: Während bei Weber Gewalt nur als Mittel zur Erreichung von Zwecken vorkommt, eröffnet Popitz den Blick auf nicht-instrumentelle Dynamiken der Gewalt. Gewalt kann, räumt er bereits in der Definition ein, »für den Agierenden ihren Sinn im Vollzug selbst« haben (Popitz 1992: 48). In einer Dynamik der Entgrenzung kann sie sich außerdem von vielleicht zunächst anvisierten Zwecken befreien (Popitz 1992: 48-52).

Eine dritte wichtige Weiterentwicklung der Gewalttheorie schließlich leistet Popitz, indem er die leiblich-seelische Dimension der Gewalt betont. Während sich Webers instrumentelle Perspektive vor allem dafür interessiert, was man mit Gewalt wie erreichen kann, lenkt Popitz' Versuch einer anthropologischen Fundierung die Aufmerksamkeit auf das, was eigentlich geschieht, wenn Gewalt ausgeübt wird.

Alle drei Impulse wurden zu wichtigen Inspirationsquellen für eine Neuausrichtung der empirischen und theoretischen Gewaltforschung im ausgehenden 20. Jahrhundert. Ehe wir diese jedoch im Folgenden Abschnitt näher vorstellen werden, wollen wir den prominentesten Gegenentwurf zur Weber'schen Tradition, nämlich die Gewalttheorie Hannah Arendts vorstellen.

Macht und Gewalt bei Hannah Arendt

Wie Popitz beschäftigt sich Arendt mit der Gewalt im Kontext ihrer Arbeit an einer Theorie der Macht. Doch anders als bei Popitz geht es in ihrem Essay *Über die Gewalt* (1970) nicht um eine Engführung der beiden Begriffe, sondern, im Gegenteil, um deren Abgrenzung. Dass Gewalt eine sozialtheoretische Leerstelle darstellt, ist ihrer Ansicht nach auf eine mangelnde Unterscheidung der Phänomene Macht und Gewalt zurückzuführen. In der Tradition der politischen Theorie wird Gewalt üblicherweise als

Teil oder Fortsetzung der Macht beschrieben, wie in Clausewitz' berühmtem Diktum vom Krieg als der Fortsetzung der Politik mit anderen Mitteln (Arendt 1970: 12 f.). Die Ursache für diese Verwechslung von Macht und Gewalt besteht aus Arendts Sicht darin, dass diese Theorien implizit oder explizit an der Anschauung des Staates gewonnen sind, einem sozialen Phänomen, in dem Macht und Gewalt typischerweise koexistieren (Arendt 1970: 48). Zu dieser Tradition entwickelt Arendt eine radikale Gegenposition. Ihr zentrales Argument lautet, dass Gewalt weder eine Form noch ein Mittel der Macht ist, sondern: deren Gegenteil. Dass dieser Entwurf nicht nur als Beitrag zur politischen Theorie, sondern ebenso als Beitrag zur empirischen Gewalttheorie gelesen werden kann, liegt an dem quasi-phänomenologischen[30] Blick auf Gewaltdynamiken, der ihren Argumenten zugrunde liegt.

Arendts Machtbegriff steht bekanntermaßen quer zur Tradition abendländischer politischer Theorie (vgl. hierzu Anter 2012: 91-101). In ihrem Denken hat Macht nicht primär etwas mit dem Vermögen oder der Chance zur Überwindung von Widerständen zu tun, sondern besteht in der Fähigkeit, im Einvernehmen mit anderen zu handeln. Sie ist also niemals eine Eigenschaft Einzelner, sondern immer ein Merkmal von Gruppen (Arendt 1970: 45). Gewalt hingegen ist instrumentalen Charakters (Arendt 1970: 47). Macht, betont Arendt, ist ein soziales Phänomen, das auf der Logik der Vielen beruht. Gewalt hingegen ist eingebunden in eine Zweck-Mittel-Relation. »Der Extremfall der Macht«, schreibt sie, »ist gegeben in der Konstellation: Alle gegen Einen, der Extremfall der Gewalt in der Konstellation: Einer gegen Alle. Und das letztere ist ohne Werkzeuge, d. h. ohne Gewalt*mittel* niemals möglich.« (Arendt 1970: 43, Hervorhebung im Original) So widerspricht Arendt kategorisch jeder Argumentation, die, wie die politische Theorie liberaler Tradition, Gewalt als konstitutiv für soziale Ordnungen beschreibt. Grundbedingung der Formierung von Gemeinwesen ist Macht, denn nur wenn Menschen imstande sind, im Einvernehmen miteinander zu handeln, ist soziale Ordnung überhaupt möglich. Gewalt hingegen ist nicht essenziell, sondern nur funktionell, weil sie stets durch Zwecke dirigiert ist (Arendt 1970: 52). Die in der politischen Theorie gängige Annahme, Macht lasse sich durch Gewalt erzeugen, ist mit der Arendt'schen Perspektive unvereinbar: »Gewalt kann Macht vernichten; sie ist gänzlich außerstande, Macht zu erzeugen.« (Arendt 1970: 57) Arendt betont, dass selbst die Herrschaft despotischer oder totalitärer Regime nicht auf der Überlegenheit der Gewaltmittel als solchen beruht – denn diese ließen sich im Prinzip durch die schiere Masse der dem Regime Unterworfenen überwinden –, sondern auf dem Zusammenhalt und der überlegenen Organisation der Elite, das heißt auf Macht in dem von ihr definierten Sinne (Arendt 1970: 51). Deshalb sieht sie im empirischen Vorkommen von Gewalt eher ein Anzeichen für einen Verlust der Macht, das heißt für einen Rückgang der kollektiven Koordinations- und Organisationsfähigkeit. Eine solche Situation mag die Mächtigen zum Versuch verführen, die verlorene Macht durch Gewalt zu kompensieren (Arendt 1970: 56); oder sie ruft Herausforderer auf den Plan, die Gewalt einsetzen, um die Position der noch Herrschenden weiter zu schwächen und selbst die Macht zu ergreifen – die in einer solchen Situation jedoch praktisch schon auf der Straße liegt (Arendt 1970: 49-50). Arendt betont jedoch den Unterschied zwischen beiden Dynamiken: Im zweiten Fall setzen die Herausforderer Gewalt als Mittel ein, um die Herrschenden von ihrer Position zu vertreiben; Gewalt tritt hier also im Kontext von Macht auf. Im ersten Fall jedoch treten Macht und Gewalt auseinander. Und dies ist, laut Arendt, die eigentlich problematische Situation. Denn solange Gewalt ein Instrument in den Händen von Mächtigen ist, ist sie in soziale Beziehungen eingebunden, sie folgt Logiken der Instrumentalität und Legitimität, die für ihre Einhegung sorgen. Wo die Gewalt jedoch ihre Machtbasis verliert, fällt sie aus dem Sozialen heraus, und das Verhältnis von Mitteln und Zwecken kehrt sich um. So neigt Gewalt dazu, sich von der Macht abzulösen – und zwar vor allem dann, wenn die Zwecke, zu denen sie eingesetzt wird, nicht erreicht werden und die Macht vergeht. Dann fallen die Zwecke weg, aber die Mittel bleiben (Arendt 1970: 56). Insofern ist für Arendt das Problem der Gewalt Teil des Problemkomplexes des technischen Fortschritts, der zu einem Auseinanderfallen von Wollen und Können führt (Arendt 1970: 86).

Arendts konzeptueller Vorschlag gilt noch immer als heterodox und spielte als explizite Referenz in der Weiterentwicklung der Gewalttheorie bislang keine bedeutende Rolle. Doch finden sich einige der von ihr aufgeworfenen Fragen in verschiedenen Forschungsprogrammen wieder. So taucht das Problem der Abhängigkeit des Gewalteinsatzes von der relativen Machtposition beispielsweise in Ansätzen wieder auf, die sich um eine Mikrofundierung von Bürgerkriegsdynamiken bemühen (siehe Abschnitt 4.3).

Trotz der allgemeinen Natur ihrer Aussagen besteht die Bedeutung der Arbeiten von Weber, Arendt und Popitz darin, die Grundlagen für eine Soziologisierung des Verhältnisses von Gewalt und sozialer Ordnung gelegt zu haben. Aus je verschiedenen Perspektiven und mit je verschiedenen Schwerpunktsetzungen weisen sie auf die Kontingenz spezifischer Gewaltordnungen hin, stellen deren prozesshaften Charakter heraus, entwickeln Überlegungen zur Eigendynamik von Gewaltphänomenen und machen auf deren Körperlichkeit aufmerksam. So orientieren sie die Weiterentwicklung erklärender Gewalttheorien. Für die neueren Ansätze werden, wie wir im Folgenden zeigen werden, insbesondere Weber und Popitz zentrale Referenzen.

4.2 Der Blick aufs Detail: Gewaltphänomenologie

Mitte der 1990er Jahre erlebte die Forschung zu Gewalt und Gewaltkonflikten eine Konjunktur, die von empirischen Entwicklungen gespeist wurde. Denn entgegen den Hoffnungen vieler hatte das Ende des Kalten Krieges kein Zeitalter des Friedens eingeläutet. Stattdessen kam es zunächst zu einem Anstieg der Zahl »heißer« Konflikte, die die Aufmerksamkeit der Weltöffentlichkeit auf sich lenkten (Schreiber 2001). Besonders einflussreich im deutschsprachigen Raum wurde dabei die Diskussion um eine Neuausrichtung der soziologischen Gewaltforschung weg von einer Ursachenforschung und hin zu einer Analyse, die in der Rekonstruktion von Mikrodynamiken der Gewalt ihren Ausgang nimmt. Angestoßen wurde diese Debatte vor allem durch die Arbeiten der Soziologen Trutz von Trotha (1997a, 1999, 2000) und Wolfgang Sofsky (1993, 1996). Während Trothas Arbeiten die Machttheorie Heinrich Popitz' als Ausgangspunkt für eine Theorie von Gewaltordnungen und -praktiken nutzen, steht bei Sofsky die Frage der Eigendynamik der Gewalt im Zentrum; insbesondere die späteren Arbeiten lösen sich vom Machtbegriff, und die Gewalt gerät zu einem für sich stehenden Analyseobjekt (vgl. hierzu Nedelmann 1997: 65 ff.). Da in diesen Entwürfen die Beobachtung der Gewaltphänomene selbst im Zentrum steht, werden wir diese Ansätze im Folgenden unter dem Stichwort »Gewaltphänomenologie«[31] vorstellen.

Anders als es der Name suggeriert, spielt der Bezug zur philosophischen Tradition der Phänomenologie dafür zunächst keine vordringliche Rolle. Den explizit wichtigeren Einfluss stellt die Philosophische Anthropologie Helmuth Plessners dar, der den Körperbezug menschlichen Daseins zum philosophischen Thema gemacht hat. Darüber hinaus sind die Klassiker der Staats- und Herrschaftstheorie, die den Zusammenhang von Gewalt,

Macht und sozialer Ordnung als Erste problematisieren, eine zentrale Referenz.

Die Gewaltphänomenologie nimmt den phänomenologischen Blick auf die Prozessdynamiken gewaltsamer Interaktion zum Ausgangspunkt für die Analyse der Struktureffekte der Gewalt. Und sie tut dies sowohl mit generalisierender als auch mit differenzierender Zielsetzung. So finden sich im gewaltphänomenologischen Forschungsprogramm gleichermaßen Beiträge zu allgemeinen Charakteristika gewaltsamer Interaktion und ihren Folgen wie auch solche, die auf die Beschreibung und Unterscheidung von Typen zielen und so den Blick öffnen für die Diversität von Gewaltphänomenen. Im phänomenologischen Ansatz verbinden sich also methodische und theoretische Überlegungen. Niemals geht es nur um die Frage, *was* der Fall ist, sondern immer auch um die Frage, *wie* das, was der Fall ist, beschrieben werden kann.

Obwohl in vielerlei Hinsicht innovativ und inspirierend, konsolidierte sich das gewaltphänomenologische Projekt nicht im Sinne eines eigenständigen akademischen Forschungsfeldes. Die programmatischen Diskussionen blieben auf den deutschsprachigen Raum und auch hier vor allem auf die Soziologie konzentriert und waren, so scheint es, an die akademischen Karrieren ihrer Protagonisten gebunden. Doch auch wenn es nie zur Formierung einer phänomenologischen Schule der Gewaltforschung im engeren Sinne kam, wurden die entwickelten Grundpositionen einflussreich für eine ganze Reihe von Konflikt- und Gewaltforscherinnen und -forscher im deutschsprachigen Raum (z. B. Reemtsma 2008; Schlichte 2009; Inhetveen 2010; Koloma Beck 2012). Vor diesem Hintergrund werden wir im Folgenden die zentralen methodisch-theoretischen Beiträge der Gewaltphänomenologie vorstellen und dabei vor allem auf die Arbeiten von Trutz von Trotha, Wolfgang Sofsky und Jan Philipp Reemtsma eingehen.

Programmatisch formuliert findet sich die gewaltphänomenologische Position im einleitenden Aufsatz Trutz von Trothas zu dem von ihm selbst herausgegebenen Sammelband *Soziologie der Gewalt* (Trotha 1997; für eine Differenzierung innerhalb des gewaltphänomenologischen Forschungsfeldes siehe Nedelmann 1997). Darin fordert er eine Neuausrichtung der Gewaltsoziologie, die über die bis dahin dominierende Ursachenforschung hinausgeht. Letztere, so die Kritik, behandele Gewalt lediglich als soziales Problem, weshalb sie blind sei für deren struktur- und ordnungsbildende Effekte (dazu auch Hanser/Trotha 2002). »Die Ätiologie der Gewalt«, so der Autor, »ist ein Diskurs über die ›Unordentlichkeit‹ von Gesellschaften und Kulturen.« (Trotha 1997: 19) Dem entgegen entwirft Trotha das Programm einer Soziologie der Gewalt, die sich Gewaltphänomenen über »dichte Beschreibungen« annähert. Dieses eigentlich aus der Kulturanthropologie stammende Verfahren (Geertz 1973) setzt darauf, soziale Phänomene über mikroskopische, anschauungsgesättigte und antireduktionistische Beschreibungen analytisch zu erschließen. Zentral ist dabei die Fokussierung auf ein einzelnes Ereignis, ein einzelnes Symbol, eine einzelne soziale Form oder in diesem Fall ein Gewaltphänomen, das beschreibend rekonstruiert wird im Kontext all der sozialen Arrangements, Symbole, Empfindungen und Vorstellungen, die bestimmend für deren soziale Logik sind. Ziel dieser Beschreibungen ist jedoch nicht Objektivität im positivistischen Sinne. Es geht also nicht um die Rekonstruktion von »Fakten«, die dann erst in einem zweiten Schritt analysiert werden. Vielmehr repräsentieren die Beschreibungen selbst schon einen analytischen Prozess, indem sie empirische Vorgänge begrifflich kodieren. Begriffliche Strenge und Genauigkeit spielen hier eine zentrale Rolle. Im Blickpunkt der

Arbeit steht die Rekonstruktion der Interpretation der Realität durch die Handelnden. Für die Gewaltsoziologie bedeutet dies, das Reden über die Gewalt »an sich« aufzugeben zugunsten einer Analyse einzelner Gewaltpraktiken. Ziel ist es, deren je verschiedenen Prozesslogiken und Struktureffekte in einer theoretischen Ethnografie der Gewalt zu erschließen (Trotha 1997: 20-24).

Die erste Herausforderung für eine solche Soziologie der Gewalt besteht darin, die Vorstellung von der Gewalt als einem bloßen Sonderfall des Sozialen aufzugeben. Stattdessen muss Gewalt als eine systematische Möglichkeit sozialen Handelns verstanden werden. Im Anschluss an seinen Lehrer Heinrich Popitz schlägt Trotha deshalb vor, Gewalt als Aktionsmacht zu verstehen. Darüber hinaus weist er auf die Eigendynamik von Gewaltphänomenen hin: Gewalt ist ein dynamischer Prozess, der eskalieren kann, und zwar auch unabhängig von den ursprünglichen Intentionen beteiligter Akteure. So scheint eine Tendenz zur Selbstentgrenzung für Gewaltphänomene charakteristisch (Trotha 1997: 25).

Die zweite Herausforderung für eine Gewaltsoziologie im Sinne Trothas besteht darin, den Körperbezug der Gewalt systematisch zu erfassen. Diese Forderung mag überraschen, liegt doch, gerade wenn man einen engen Gewaltbegriff zugrunde legt, der Bezug zum Körper auf der Hand. Doch tatsächlich wurde die Körperlichkeit der Gewalt sozialwissenschaftlich bis dahin kaum bearbeitet, was vor allem darauf zurückzuführen ist, dass der Körper an sich lange Zeit einen blinden Fleck der Soziologie und Sozialtheorie darstellte. Körper wurden vorausgesetzt, aber nicht analytisch und theoretisch berücksichtigt. Erst in den letzten Jahrzehnten formierte sich ein körpertheoretisches sozialwissenschaftliches Forschungsfeld.[32] Der Körperbezug der Gewalt ist, so Trotha, charakterisiert durch eine Dynamik von Erleiden und Antun. Über die Erzeugung beziehungsweise Erfahrung von

Schmerz stellt sich eine Verbindung zwischen Täter und Opfer her. Körperlicher Schmerz, so Trotha, ist immer eine Grenzerfahrung, die die Selbstbewusstheit erschüttert; zum einen setzt er die vertraute Instrumentalität des Körpers außer Kraft, zum anderen berührt er die Grenzen dessen, was kommunizierbar und also mit anderen zu teilen ist (siehe dazu auch Scarry 1985). Doch ist die Schmerzerfahrung des Gewaltopfers besonders. Denn anders als bei Unfällen oder Krankheiten ist sie nicht Schicksal oder Folge eines Versehens, sondern Ergebnis eines Handelns, das auf Schädigung aus ist. Sie ist das Produkt einer Machtaktion, bei der sich einer gegen den Widerstand eines anderen durchsetzen will. »Das Spezifische der Körpererfahrung der Gewalt«, so Trotha, »wird dadurch konstituiert, daß die Gewalt eine Erscheinung der menschlichen Freiheit ist, aber diese Freiheit geteilt ist, vereinseitigt auf den Vergewaltiger, der das Opfer in die Wirklichkeit der Notwendigkeit zwingt.« (Trotha 1997: 31) Im Rahmen der Arbeit an einer plessnerianisch inspirierten Gesellschaftstheorie hat Gesa Lindemann diese Überlegungen zur Leiblichkeit der Gewalt und deren Bedeutung in den Verfahrensordnungen der Moderne weiter ausdifferenziert (Lindemannn 2014: 245-89; 2017).

Wolfgang Sofskys analytische Beschreibungen

Die Idee, Gewaltphänomenen und deren Bedeutung für Prozesse sozialer Ordnungsbildung durch solchermaßen »dichte Beschreibungen« auf die Spur zu kommen, geht auf die Arbeiten von Wolfgang Sofsky zurück. Einen ersten Versuch in diese Richtung stellt seine Studie *Die Ordnung des Terrors. Das Konzentrationslager* dar, die die Funktionsweise der Macht rekonstruieren will, welche der Organisation der Konzentrationslager zugrunde lag. Ausgangspunkt der Analyse ist eine Kritik an den nicht nur außerwissenschaftlich weit verbreiteten Diskursen über die »Unverstehbarkeit« der Nazi-Verbrechen. Diese sind aus Sofskys Sicht nicht nur wissenschaftlich unbefriedigend. Vielmehr sind sie auch ethisch fragwürdig, da sie zum Repertoire jener Ablenkungs- und Abwehrstrategien gehören, mit denen seit 1945 versucht wird, sich der Konfrontation mit den Ereignissen zu entziehen. »Allzu geschwind«, schreibt er, »wendet man sich der Frage zu, wie es denn möglich war, ohne zuvor auch nur den Versuch unternommen zu haben, im einzelnen zu verstehen, was der Fall war.« (Sofsky 1993: 17) Und genau um Letzteres geht es in Sofskys Studie, die darauf zielt, eine typisierende Beschreibung der Lagerorganisation zu erarbeiten. Theoretisch im Zentrum der Arbeit steht die Frage nach dem Verhältnis von Gewalt, Macht und Ordnung. Die zentrale These lautet, dass das Konzentrationslager eine Machtstruktur eigener Art darstellt, die sich nicht in bisher vorhandenen Begriffen der Macht fassen lässt. Der Unterschied liegt vor allem in einem spezifischen Verhältnis von Macht und Gewalt. Sofsky führt dazu den Begriff der »absoluten Macht« ein (Sofsky 1993: 27-40). Diese unterscheidet sich von anderen ebenfalls stark gewalthaltigen Machtformen durch eine organisatorisch ermöglichte Entfesselung der Gewalt. Anders als bei Sanktions-, Disziplinar- oder despotischer Macht ist die Gewalt nicht mehr Mittel zur Erreichung angebbarer und angegebener Zwecke – beispielsweise Gehorsam, Disziplin oder Kontrolle –, sondern wird zum Selbstzweck. »Hier streift die Macht ihre Fesseln erst ab«, so Sofsky, »nachdem alle Gegner längst bezwungen sind. Sie verzichtet nicht auf Gewalt, sondern befreit sie von allen Hemmungen und potenziert sie durch Organisation.« (Sofsky 1993: 28) Seitens der Täter impliziert dies die Abwesenheit von Legitimationszwängen, denen Machtaktionen üblicherweise unterworfen sind, seitens der Opfer die Abwesenheit der Möglichkeit, sich durch Verhaltensänderungen oder -anpassungen der Gewalt zu entziehen. Das entscheidende Argument ist, dass diese Konstellation in der Organisation des Lagers auf Dauer gestellt wird (vgl. Abschnitt 4.3) Beschreibend zeigt Sofsky dann auf, wie sich diese Dynamiken im konkreten empirischen Lageralltag ausprägten. Er rekonstruiertr die Neuordnung von Raum und Zeit, das stratifikatorische System der Lagergesellschaft, die Verwandlung der Arbeit in ein Instrument der Zerstörung und schließlich die verschiedenen Arten des Tötens und Sterbens im Lager.

In dem drei Jahre später erschienenen Band *Traktat über die Gewalt* treibt Sofsky die Erkenntnissuche durch analytisch gesättigtes Beschreiben noch einen Schritt weiter. In zwölf Kapiteln entwickelt er typisierende Beschreibungen spezifischer Mikrodynamiken der Gewalt. Gegenstand dieser Beschreibungen sind zum einen allgemeine Merkmale der Gewalt wie etwa ihr Verhältnis zu Emotionen, die Bedeutung des Körpers oder die Rolle von Beobachtern. Zum anderen geht es um die soziale Dynamik je spezifischer Gewaltformen wie der Folter, der Hinrichtung oder des Massakers. Ausgehend von einer beschreibenden Rekonstruktion des Hobbes'schen Grundproblems und dessen Lösung steht hier, wie bereits in der Studie zum Konzentrationslager, die Frage nach den ordnenden Effekten der Gewalt im Vordergrund. Doch noch deutlicher als in jenem Werk dominiert eine düstere Vision von der Gewalt als unausweichlichem Schicksal menschlicher Gemeinschaften (Sofsky 1996: 224). Auch treibt der Autor den in der Lagerstudie entwickelten Darstellungsstil auf die Spitze, indem er auf die Angabe von Quellen und anderen Literaturverweisen weitgehend verzichtet. Damit bewegt sich die Arbeit an der Grenze dessen, was am Ende des 20. Jahrhunderts als wissenschaftlicher Text gelten darf.[33]

Die Arbeiten Sofskys wurden kontrovers diskutiert. Lobten die einen den aufklärerischen Impetus und die Entdeckung von

Körperlichkeit und Emotionalität als grundlegenden Bedingungen jeder Gewaltdynamik, stellten andere Methode und Stil der Werke infrage oder kritisierten den ihnen zugrunde liegenden anthropologischen Pessimismus. Stärker ins Herz des von Sofsky selbst formulierten methodisch-theoretischen Projektes stieß jedoch die Frage, ob der von ihm entwickelte Stil tatsächlich zu einem besseren Verständnis von Gewaltphänomenen beitrage oder die Leserin nicht letztlich doch mit jenem verständnislosen Schaudern zurücklasse, dem der Ansatz eigentlich entgegentreten will (z.B. Welzer 1994). So verdankt die Gewaltforschung den Arbeiten Wolfgang Sofskys entscheidende Inspirationen, jedoch führten diese nicht zu einer kritiklosen Verbreitung des von ihm vorgeschlagenen methodisch-analytischen Zugangs. Stattdessen leiteten sie konzeptuelle Diskussionen darüber ein, wie sich die zentralen Intentionen und Anliegen in ein an breitere soziologische Debatten anschlussfähiges Forschungsprogramm überführen ließen. Der in diesen Auseinandersetzungen entwickelte und im zuvor vorgestellten Aufsatz Trutz von Trothas programmatisch zusammengefasste Zugang wurde in der Folge zunächst vor allem für empirische Forschungen bedeutsam.

Die Gewaltphänomenologie Jan Philipp Reemtsmas

Den nächsten theoretischen Impuls stellt der 2008 erschienene Band *Vertrauen und Gewalt. Über eine besondere Konstellation der Moderne* von Jan Philipp Reemtsma dar.[34] Ausgangspunkt ist einmal mehr das paradoxe Verhältnis moderner Gesellschaften zur Gewalt, das hier jedoch auf die Frage zugespitzt wird, wie in Gesellschaften, die den Mythos ihrer eigenen Gewaltabstinenz regelmäßig enttäuscht sehen, die Reproduktion sozialen Vertrauens überhaupt möglich ist. »Das Auseinandertreten der Einsicht, dass unsere Moderne anders ist, als wir annahmen, und unser gleichwohl fortdauerndes Vertrauen in diese Moderne ist das Thema dieses Buches.« (Reemtsma 2008: 23) Auch Reemtsma mobilisiert einen phänomenologischen Blick auf Gewaltdynamiken. Doch anders als in den bisher vorgestellten Ansätzen ist sein Ziel nicht die Erarbeitung dichter Beschreibungen. Vielmehr macht er eine phänomenologische Typologie der Gewalt zum Ausgangspunkt einer breit angelegten sozialtheoretischen Diskussion über die Möglichkeiten, unter den Bedingungen einer prinzipiell gewalt-aversen Moderne den Einsatz von Gewalt legitim erscheinen zu lassen.

Reemtsma schlägt vor, drei Formen physischer Gewalt phänomenologisch zu unterscheiden, und zwar mit Blick darauf, welchen Bezug sie zum Körper herstellen: erstens lozierende Gewalt, die den Körper als eine Masse behandelt, der im Gewaltgeschehen ein Ort im Raum zugewiesen wird; zweitens raptive Gewalt, die den Körper benutzt, um an ihm Handlungen vollziehen zu können; und autotelische Gewalt, die den Körper beschädigen oder zerstören will (Reemtsma 2008: 106).

Lozierender Gewalt geht es nicht um den Körper als solchen, sondern um die Verfügung über dessen Ort im Raum; der Begriff liegt nahe an dem geläufigeren Begriff der instrumentellen Gewalt, den Reemtsma jedoch bewusst vermeidet.[35] Diese Verfügung über den Körper im Raum kann in zweierlei Richtungen geschehen: Entweder ist der Körper ein Hindernis, das aus dem Weg geschafft werden muss. Diesen Subtyp bezeichnet Reemtsma als dislozierende Gewalt und hebt hervor, dass hier die Art und Weise des Verschwindens des Hindernisses – ob beispielsweise durch Wegstoßen oder Töten – gleichgültig ist. Ein anderer Fall liegt vor, wenn ein Körper nicht einfach irgendwie aus dem Weg geräumt, sondern an einen bestimmten Platz verbracht werden soll, um dort zu bleiben; Reemtsma spricht hier von captiver Gewalt (Reemtsma 2008: 108-12).

Während für lozierende Gewalt der Körper ein Hindernis darstellt, ist er für raptive Gewalt das Ziel. Sie will den Körper haben, um ihn – in der Regel sexuell – zu benutzen (Reemtsma 2008: 113-16).[36] Ähnlich verhält es sich mit der autotelischen Gewalt. Auch diese will sich des Körpers bemächtigen, allerdings nicht, um ihn zu benutzen, sondern um ihn zu zerstören (Reemtsma 2008: 116-24).

Phänomenologisch ist diese Typologie deshalb, weil es hier um differenzierende Beschreibungen zwischenmenschlicher Verhältnisse geht, die ohne Verweis auf vor- oder nachgelagerte psychische oder soziale Strukturen (Motive, Intentionen, Emotionen, Bedeutung, usw.) operieren. Zwar führen die drei Begriffe das Moment der Intention mit, doch verortet der Autor diese auf der Ebene des Körperbezugs selbst und nicht in der Psychologie der ausführenden Akteure. In dieser Perspektive liegt lozierende Gewalt beispielsweise dann vor, wenn beobachtet werden kann, dass ein verletzender Angriff zu einer Veränderung der räumlichen Anordnungen von Körpern im Raum führt – unabhängig davon, ob sich diese Beobachtung mit den Intentionen der Gewalt ausübenden Akteure deckt (Reemtsma 2008: 106, Fn. 6). Es geht also nicht »um den Täter, nicht um das, was er mit seiner Tat *will*, sondern darum, was die Tat in Bezug auf den Körper, dem sie angetan wird, *ist*« (Reemtsma 2008: 107, Hervorhebungen im Original). Für Reemtsmas Theoretisierung des Verhältnisses von Vertrauen und Gewalt unter den Bedingungen der Moderne ist diese Unterscheidung zwischen Intentionen und Beobachtungen zentral. Denn die verschiedenen Gewaltformen bedürfen in unterschiedlichen Kulturen unterschiedlicher Legitimationen.

Allerdings – und dies ist der entscheidende Punkt in Reemtsmas Vorschlag – sind empirische Gewaltdynamiken nicht immer eindeutig einem der drei vorgeschlagenen Typen zuzuordnen. Deshalb hängt die Legitimität eines bestimmten Gewaltaktes letztlich von der – kontingenten – Art der Zurechnung auf eine bestimmte Gewaltform ab. Reemtsma verdeutlicht dies an der Todesstrafe, die sowohl als lozierende Gewalt gedeutet werden kann, welche darauf zielt, ein gefährliches Individuum dauerhaft aus der Gesellschaft zu entfernen, wie auch als autotelische Gewalt, die in der Logik vormoderner Strafpraxis ein Vergehen durch Zerstörung des Körpers tilgt. In modernen Gesellschaften ist eine Legitimierung der Todesstrafe, wenn überhaupt, nur in erstgenannter Lesart möglich. Die zweite hingegen kann in Anschlag gebracht werden, um diese Strafpraxis als archaisch grausam zu delegitimieren (Reemtsma 2008: 110-13). Wie Reemtsma diese phänomenologische Typologie gesellschaftstheoretisch fruchtbar macht, werden wir im folgenden Abschnitt näher erläutern.

Zusammenfassend lässt sich festhalten, dass die Arbeiten von Sofsky, Trotha und Reemtsma die Vielfältigkeit von Gewaltdynamiken deutlich machen. Jenseits vorschneller Label wie »Genozid«, »Terrorismus«, »Vergewaltigung« oder »Attentat« strebt dieser Forschungsstrang nach einem differenzierten Verständnis der in Rede stehenden Vorgänge. Dabei dient der genaue Blick auf die Dynamik der Phänomene vor allem dazu, die je spezifischen Prozesse sozialer Strukturbildung zu rekonstruieren, die durch den jeweiligen Typus von Verletzungshandeln ausgelöst werden. So stellt die Gewaltphänomenologie einen Rahmen für Theoriearbeit durch Phänomenvergleich bereit, der besonders geeignet scheint, die durch normative und politische Diskurse geprägten Denkblockaden in der Gewaltforschung zu überwinden.[37]

4.3 Gewaltordnungen

Gewalt erzeugt Ordnung. Doch sie verlangt auch nach ihr. Auf diese ambivalente Dynamik hat, wie eingangs erwähnt, bereits Max Weber aufmerksam gemacht. Unter dem Stichwort Gewaltordnungen wollen wir im Folgenden theoretische Ansätze vorstellen, die sich diesem Zusammenhang mit Blick auf je spezifische empirische Gegenstände widmen. Anders als die zuvor vorgestellten phänomenologischen Ansätze, die auf theoretische Innovation im engeren Sinne zielen, mobilisieren die folgenden Entwürfe schon vorliegende sozialtheoretische Ansätze und Theoriefiguren, die typischerweise für die Rekonstruktion anderer, nicht gewalthaltiger Prozesse sozialer Ordnungsbildung verwendet werden, und lenken so die Aufmerksamkeit auf die Wechselbeziehungen zwischen Gewalt und anderen Aspekten von Sozialität.

Wir beginnen mit den Arbeiten von Wolfgang Sofsky, Klaus Schlichte und Stathis Kalyvas, die sich in einer im weitesten Sinne organisationstheoretischen Perspektive mit den Wechselbeziehungen zwischen gewaltkompetenten Organisationen einerseits und der Formation und Transformation von Herrschaftsstrukturen andererseits beschäftigen. In einem zweiten Schritt stellen wir Beiträge von Georg Elwert, Michael Mann und Jan Philipp Reemtsma vor, die anhand der Begriffe Markt, Demokratie und Vertrauen die produktive Rolle von Gewalt in gesellschaftlichen Meso- und Makrostrukturen rekonstruieren. Abschließend wird es um den theoretischen Vorschlag von Randall Collins gehen, der die Typik gewaltsamer Interaktionen in einer Mikroperspektive rekonstruiert.

Bereits in Max Webers Staatstheorie findet sich der Hinweis, dass Gewalt – sieht man von affekthaft spontanen Ausbrüchen einmal ab – Organisation braucht. Wie Wirtschaftsbetriebe bedarf auch der Herrschaftsbetrieb eines Verwaltungsstabs und entsprechender Verwaltungsmittel. Im Unterschied zu den meisten Wirtschaftsbetrieben jedoch spielen Gewaltexperten und Gewaltmittel dabei eine zentrale Rolle. Die Forschung zu Gewaltordnungen hat diese Überlegungen aufgegriffen und sich näher mit der Organisation von Gewalt beschäftigt.

Zentral ist dieses Thema bereits in der oben vorgestellten Studie Wolfgang Sofskys zum Konzentrationslager. Im Zentrum steht dabei der Zusammenhang von Herrschaftsform – in seiner Terminologie »Machttypus« – und Form der Organisation. So rekonstruiert Sofsky das Konzentrationslager als Organisationsform, die charakteristisch ist für den Typus »absoluter Macht«, einer Macht also, die von Zielen und Zwecken befreit nur noch auf die Steigerung ihrer selbst aus ist und in deren Zentrum deshalb die permanente Inszenierung der extremen Asymmetrie zwischen Allmacht und Ohnmacht steht (Sofsky 1993: 40). Die Ordnung des Konzentrationslagers entspricht dieser Macht, indem sie dauerhaft ermöglicht, was Reemtsma autotelische Gewalt nennt. Wo die Macht keine äußeren Ziele mehr verfolgt, dient der Einsatz von Gewalt nicht der Disziplinierung, das heißt der Herstellung von Verhaltenskonformität, sondern der Demonstration der Omnipotenz der Macht. In der Welt des Lagers ist der Gewaltexzess deshalb weder Unfall noch Perversion oder sonstige Anomalie, sondern wird durch die Organisation selbst auf Dauer gestellt.

Im Zentrum der Analysen Sofskys steht also die Organisation der Gewalt durch ein totalitäres staatliches Regime. Doch stellt sich – wie oben erwähnt – dieses Organisationsproblem nicht nur für die Herrschaft, sondern auch für jene, die die Verwalter des Gewaltmonopols herausfordern. Besondere Beachtung haben diese Dynamiken in der Forschung zu Bürgerkriegen gefunden. In *The Shadow of Violence. The Micropolitics of Armed Groups* geht Klaus Schlichte der Frage nach, wie sich das Problem der Organisation von Gewalt für nicht-staatliche bewaffnete Gruppen stellt. Im Anschluss an die Weber'sche Herrschaftssoziologie steht die Produktion von Legitimität im Zentrum der Überlegungen. Was bewaffnete Gruppen von anderen Organisationen – beispielsweise Unternehmen oder staatlichen Verwaltungen – unterscheidet, ist, dass sie zur Erreichung des Organisationszieles systematisch Gewalt einsetzen. Klassischerweise besteht dieses Ziel darin, die gegenwärtig Herrschenden zu stürzen und sich selbst an deren Stelle zu setzen. Doch auch wenn Gewaltmittel charakteristisch für bewaffnete Gruppen sind, sind sie doch für deren Erfolg nicht hinreichend. Denn Herrschaft ist, wie von Weber ausgeführt, ohne das breite Anerkenntnis der Legitimität der Ordnung nicht möglich. Vor diesem Hintergrund beschäftigt sich der Autor mit den Mechanismen innerhalb und im Umfeld bewaffneter Gruppen, die Legitimität erzeugen und stabilisieren – oder aber sie infrage stellen und zerstören. Dabei diskutiert er nicht nur die Legitimität im Außenverhältnis der Gruppe, also im Verhältnis zur Bevölkerung als dem anvisierten Subjekt der Herrschaft (Schlichte 2009: 85-115). Er lenkt den Blick auch auf das Innenverhältnis, in dem die Legitimität der Führung eine Bedingung für die Leistungsfähigkeit der Organisation darstellt (Schlichte 2009: 144-77). Schlichtes Studie zeigt, dass das zentrale Problem bewaffneter Gruppen im ambivalenten Wechselspiel zwischen Gewalt und Legitimität besteht: Denn in Abhängigkeit von Kontext, Zielen, Formen und Folgen kann Gewalt Legitimität sowohl erzeugen und festigen als auch zerstören. Darüber hinaus neigt die Gewalt dazu, eine Eigendynamik zu entwickeln, die der organisationalen Kontrolle entgleitet. In diesem Sinne operieren bewaffnete Gruppen, wie der Titel nahelegt, »im Schatten der Gewalt«.

Ähnlich wie Sofskys Arbeit über das Konzentrationslager weist Schlichtes Studie so auf die enge Verbindung zwischen spezifischen Formen der Organisation einerseits und Herrschaftsstrukturen andererseits hin. Er hebt hervor, dass, anders als populäre und auch akademische Diskurse es suggerieren, das Agieren bewaffneter Gruppen nicht notwendig zu einem Verfall von Staatlichkeit im soziologischen Sinne führen muss. Vorschnellen Staatsverfallsthesen setzt Schlichte ein Verständnis von Bürgerkriegen entgegen, das diese als Prozesse sozialen Wandels versteht, in denen unter Einbezug organisierter Gewaltmittel über die Rekonfiguration politischer Ordnungen verhandelt wird (Schlichte 2009: 178-202; ähnlich z.B. Tilly 2003).

Aus einer ganz anderen Perspektive setzt sich der US-amerikanische Politikwissenschaftler Stathis Kalyvas mit der Funktionsweise bewaffneter Gruppen und deren Verhältnis zur sozialen Umwelt auseinander. In *The Logic of Violence in Civil War* rekonstruiert er die sozialen Dynamiken innerstaatlicher Kriege mit dem analytischen Instrumentarium der *Rational-Choice*-Theorie. Anders als die bisher vorgestellten Ansätze, die, sich in die Tradition verstehender Sozialwissenschaft einfügend, die Rekonstruktion der Perspektiven der Akteure ins Zentrum rücken, basieren *Rational-Choice*-Analysen auf starken Annahmen. Die Handelnden, die sowohl Individuen als auch Gruppen sein können, werden als rationale Akteure modelliert. Rationalität ist dabei spezifisch definiert als ein Verhalten, das unter Abwägung von Kosten und Nutzen ein bestimmtes Ziel verfolgt. Kurz gesprochen sind rationale Akteure Nutzenmaximierer, die einen angestrebten Vorteil mit so wenig Aufwand wie möglich erreichen wollen. Dieser Vorteil muss jedoch keineswegs nur materieller oder gar finanzieller Natur sein. Im Prinzip ist jeder menschliche Wunsch, jeder vorstellbare Nutzen oder jedes angestrebte Ziel innerhalb dieses Paradigmas modellierbar, solange deren Erreichung Aufwand oder Einsatz im weitesten Sinne erfordert.[38]

Stathis Kalyvas nutzt diese Perspektive, um die Entscheidungen zu modellieren, die die Erscheinungsformen der Gewalt in Bürgerkriegen bestimmen. Ausgangspunkt seiner Überlegungen ist eine Definition von Bürgerkrieg als »bewaffnetem Kampf innerhalb der Grenzen einer anerkannten souveränen Entität zwischen Parteien, die zu Beginn der Auseinandersetzung der selben Autorität unterstanden« (Kalyvas 2006: 17, Übersetzung der Verfasser). Im Zentrum der Bürgerkriegsdynamik steht in dieser Perspektive der Kampf um die Vorherrschaft im Raum, die letztlich durch die Kontrolle über die darin lebenden Menschen erreicht werden muss. Vor dem Hintergrund dieser Überlegungen rekonstruiert Kalyvas Bürgerkriege nicht als dyadische Dynamik zwischen einer herrschenden und einer herausfordernden Partei, sondern als trianguläres Geschehen, in dem die sogenannte Zivilbevölkerung kein bloß kollateraler, sondern ein konstitutiver Faktor ist. Wie in Klaus Schlichtes Studie zur Mikropolitik bewaffneter Gruppen rückt hier also das Verhältnis der Gewaltakteure zur Bevölkerung in den Mittelpunkt der Aufmerksamkeit. Doch besteht in Kalyvas' Modell die zentrale organisatorische Herausforderung für Gewaltakteure nicht in der Herstellung von Legitimität, sondern darin, in einem Krieg ohne Fronten Verhaltenskonformität von Populationen herzustellen und damit Kontrolle über Territorien zu erlangen. Gewalt ist in dieser Grundkonstellation ein Mittel, das dazu dient, die angestrebte Verhaltenskonformität (*compliance*) zu produzieren, denn sie kann abweichendes Verhalten wirksam sanktionieren. Allerdings setzt dies voraus, dass der Gewaltakteur eigene Unterstützer und Kollaborateure der Gegenseite zuverlässig voneinander unterscheiden kann. Doch genau dies ist häufig nicht der Fall. Für bewaffnete Akteure stellt sich also beim Einsatz von Gewalt ein Informationsproblem (Kalyvas 2006: 87-145). Gewalt gegen Zivilisten ist deshalb so häufig in Bürgerkriegen zu beobachten, weil Kriegsakteure nicht wissen können, wer auf welcher Seite steht. Ausgehend von diesen Grundüberlegungen modelliert Kalyvas dann, wie sich Zivilisten für oder gegen eine Zusammenarbeit mit der einen oder anderen Kriegspartei entscheiden und in welchen Konstellationen von Zusammenarbeit und Gebietskontrolle eher mit wahlloser und wann eher mit zielgerichteter Gewalt zu rechnen ist.

Im Kontext der bisher vorgestellten Ansätze mag Kalyvas' Vorschlag zunächst formal und reduktionistisch erscheinen. Doch stellt er in der Forschung zu Gewaltkonflikten einen einflussreichen theoretischen Beitrag dar. Zu einem Zeitpunkt, da Irrationalitäts- und Barbarisierungsthesen nicht nur in populären Diskursen weit verbreitet sind, entwickelt Kalyvas ein Gegenmodell, in dem Bürgerkriegsgewalt auch als rationales Handeln erklärbar wird. So überführt er die auf empirische Mikro- und Mesodynamiken fokussierte Gewaltforschung in ein im internationalen politikwissenschaftlichen Mainstream anschlussfähiges Forschungsprogramm (vgl. hierzu Kalyvas 2008).

Während die Arbeiten von Sofsky, Schlichte und Kalyvas primär herrschaftssoziologisch inspiriert sind, legt Stefan Kühl mit *Ganz normale Organisationen* (2014) einen genuin organisationssoziologischen Beitrag zur Theoretisierung organisierten Gewalthandelns vor. Den zentralen konzeptionellen Bezugsrahmen bildet dabei die Systemtheorie Niklas Luhmanns, die Organisationen als Systemtyp eigener Art rekonstruiert. Empirisch bezieht sich die Studie auf einen geschichtswissenschaftlich bereits gut erschlossenen Fall: das Hamburger Reserve-Polizeibatallion 101, das ab 1943 unter dem Kommando der SS Massenexekutionen im besetzten Polen vornahm und dabei mindestens 38 000 Jüdinnen und Juden tötete. Innerhalb der historischen NS-Forschung hatte dieser Fall vor allem deshalb für Aufsehen gesorgt, weil hier – anders als etwa in den Vernichtungslagern – nicht eingefleischte Nationalsozialisten, sondern Reservisten der Ordnungspolizei am Werke waren. Wie war es möglich, dass ›ganz normale Männer‹ (Browning 1993) zum Teil der ›Tötungsmaschine‹ des Nationalsozialismus wurden?

Kühl argumentiert, dass der Fall des Reserve-Polizeibataillons 101 insofern typisch für die NS-Vernichtungspolitik ist, als sich das Tötungshandeln hier im Kontext von (staatlichen) Organisationen vollzog. Individuelle Tötungsbereitschaft im handlungspraktischen Sinn entstand erst im Rahmen von Organisationsmitgliedschaften. Ideologische Nähe zum Projekt des Nationalsozialismus ist dafür keine notwendige Voraussetzung. Denn Organisationen erzeugen in ihrem Funktionieren Regeln der Mitgliedschaft, die das Handeln der Organisationsangehörigen konditionieren. Der systemtheoretischen Organisationssoziologie folgend, sind mit ›Regeln‹ hier jedoch nicht Vorschriften oder Anweisungen gemeint, sondern ein Netzwerk aus explizit und implizit formulierten Mitgliedschaftsbedingungen und Verhaltenserwartungen, die individuell wahrgenommene Handlungszwänge erzeugen. Damit wendet sich diese Arbeit dezidiert gegen Ansätze, die die Gewalt des Holocaust ideologisch oder psychologisch zu erklären suchen.

Mit Blick auf das Reserve-Polizeibataillion 101 zeigt Kühl, dass für die Erzeugung von Handlungserwartungen und Handlungszwängen in dieser Organisation Zweckidentifikation, Zwang, Kameradschaft, Geld und Handlungsattraktivität eine zentrale Rolle spielten. Dabei handelt es sich um jene Mechanismen der Motivation, die moderne Organisationen im Allgemeinen charakterisieren. Vor diesem Hintergrund argumentiert Kühl, dass die ›Tötungsmaschine‹ des Nationalsozialismus keineswegs ein anomisches oder präzedenzloses soziales Geschehen war. Einheiten wie das Reserve-Polizeibatallion 101 waren ›ganz normale Organisationen‹, deren Funktionieren auf Strukturprinzipien und Handlungsrepertoires beruht, die auch in anderen Kontexten zu finden sind.

Gewaltordnung Gesellschaft: Elwert, Mann, Reemtsma

Über die Differenzen der methodischen und empirischen Ausrichtung hinweg ist den Arbeiten von Sofsky, Schlichte und Kalyvas gemein, dass sie sich für Organisationen als Motoren der Produktion und/oder Transformation von Gewaltordnungen interessieren. Indem sie auf dem Organisationscharakter von kollektiven Gewaltakteuren bestehen, öffnen sie den analytischen Blick für die Zusammenhänge zwischen organisierter Gewalt und anderen Organisationsphänomenen. Neben diesen am Begriff der Organisation orientierten Ansätzen gibt es jedoch auch begrifflich anders gelagerte Zugänge zum Thema Gewaltordnungen.

So entwickelt der Sozialanthropologe Georg Elwert ein am Begriff des Marktes orientiertes Verständnis von Prozessen sozialer Ordnungsbildung in Konflikten der Gegenwart. Sein Konzept der »Gewaltmärkte« (Elwert 1997) verweist auf spezifische, oft »als Bürgerkriege, Kriegsherrensysteme oder Räubertum bezeichnete Konflikte, bei denen unter der Oberfläche weltanschaulicher und machtpolitischer Ziele oder vorgeblich traditionell bestimmter Kampfverdichtungen das ökonomische Motiv des materiellen Profits dominiert« (Elwert 1997: 87 f.). So charakterisierte Gewaltmärkte können dort entstehen, wo keine verbindlichen Regeln mehr darüber gelten, wer wann zu welcher Zeit und zu welchem Zweck Gewalt einsetzen darf. Solche Kontexte bezeichnet Elwert als »gewaltoffene Räume«. Zwar bilden sich auch hier Routinen und Gewohnheiten, was den Gewaltgebrauch betrifft. Doch fehlt die Sanktionsmacht, die zur Stabilisierung der Gewohnheitsstruktur zur verlässlichen Regel nötig wäre. In einem solchen Kontext bezeichnet der Begriff des Gewaltmarktes ein bestimmtes Handlungsfeld, das durch Erwerbsziele bestimmt ist, die sich hier jedoch nicht nur im Modus des Tausches, sondern auch im Modus des Raubes verwirklichen lassen.

Elwert betont das Verstetigungspotenzial von Gewaltmärkten, die dazu neigen, innerhalb kurzer Zeit ihre eigenen Voraussetzungen zu reproduzieren. Die Gewalt selbst wird dann – in der Regel in Form von Schutz – zu einem wichtigen Tauschgegenstand, auf den niemand verzichten kann. Während die Begriffe Herrschaft und Organisation den Blick vor allem auf Strukturen und deren (Re-)Stabilisierung lenken, macht der von Elwert eingeführte Marktbegriff in besonderer Weise auf dynamische und eigenlogische Aspekte von Gewaltordnungen aufmerksam, die sich der Kontrolle durch intentional handelnde Akteure weitgehend entziehen.

Während sich die bisher diskutierten Ansätze mit der Emergenz und Transformation von Gewaltordnungen unter den Bedingungen bewaffneter Konflikte beschäftigen, gab es in den letzten Jahren auch Bemühungen, die systematische Rolle von Gewalt in auf den ersten Blick gewaltarmen oder friedlichen Ordnungen zu theoretisieren. Dabei erregten vor allem die Arbeiten von Michael Mann und Jan Philipp Reemtsma breitere Aufmerksamkeit.

In *The Dark Side of Democracy* (2005) widmet sich der britische Soziologe Mann, der seit den 1980er Jahren an einer die Gewalt einschließenden Gesellschaftstheorie arbeitet (Mann 1986; Mann 1993), dem Problem ethnischer Gewalt in Demokratien.

Mann beschreibt ethnische Säuberungen – sei es in Form von Massenmorden oder Zwangsassimilierungen – als für die liberalen Demokratien der Gegenwart historisch konstitutiv. Während dominante Diskurse in Wissenschaft und Politik die Friedlichkeit von Demokratien betonen, zeigt er, dass solch ethnische Gewalt ein Risiko bleibt, das demokratische Systeme als ihre »dunkle Seite« kontinuierlich mitführen. Denn in Demokratien herrscht »das Volk«. Dieses kann jedoch in zweierlei Hinsicht verstanden werden: zum einen im antiken Sinn als *demos*, das heißt als die in einem bestimmten Gebiet versammelte Bevölkerung. Zum anderen aber, und diese Deutung gewinnt mit der Formierung von Nationalstaaten an Bedeutung, als *ethnos*, also als ein bestimmter Ausschnitt der Bevölkerung, der sich durch eine gemeinsame historische, sprachliche und kulturelle Tradition besonders verbunden glaubt. In Kombination mit der zentralen Stellung des Begriffs des Volkes in der demokratischen Theorie und Praxis führt dessen Ambivalenz dazu, dass ethnische Gewalt nicht nur in vormodernen oder undemokratischen Staaten ein Risiko darstellt, sondern auch in demokratisch verfassten Gemeinwesen zum Problem werden kann: Wo sich der *demos* mit dem dominanten *ethnos* verknüpft, kann Volksherrschaft in Völkermord münden.

In noch stärker generalisierender Perspektive widmet sich Jan Philipp Reemtsma der Rolle von Gewalt in modernen, auf den ersten Blick friedlichen Gesellschaften. Im Zentrum seines Interesses steht dabei, wie bereits im vorherigen Abschnitt ausgeführt, die paradoxe Koexistenz von Vertrauen in die Gewaltarmut der Moderne einerseits und zum Teil extremen Formen der Gewalt andererseits. Laut Reemtsma wird der potenzielle Konflikt zwischen diesen beiden Aspekten entweder über Strategien der diskursiven Ausgrenzung gelöst (siehe oben) oder aber durch Rhetoriken der Relegitimierung der Gewalt. Grundlage für die

Rekonstruktion der Relegitimierungsstrategien ist die ebenfalls im vorangegangenen Abschnitt vorgestellte phänomenologische Gewalttypologie, die zwischen lozierender, raptiver und autotelischer Gewalt unterscheidet. Unter den Bedingungen der Moderne, so Reemtsma, wird insbesondere autotelische Gewalt zum Problem. Angesichts der fortschreitenden diskursiven Ächtung der Gewalt kann nur noch lozierende, das heißt als instrumentell deutbare Gewalt verlässlich auf Legitimität hoffen – jedenfalls dann, wenn die Zwecke, zu deren Erreichung sie eingesetzt wird, zustimmungsfähig sind. Vor diesem Hintergrund zielen Rhetoriken der Relegitimierung extremer Gewalt darauf, eine autotelische Deutung abzuwehren und stattdessen eine instrumentelle oder lozierende Interpretation stark zu machen. So wird der Gewaltexzess als Mittel zur Erreichung höherer Zwecke gerahmt. In der jüngeren Geschichte spielten dabei vor allem drei rhetorische Figuren eine Rolle: erstens die Rhetorik des Zivilisationsauftrages und der Nation, zweitens die der eschatologischen Säuberung, und drittens die des Genozids. Die Rhetorik des Zivilisationsauftrages und der Nation rechtfertigt Gewalt mit dem Argument, sie wende sich gegen jene, die dem Projekt der Moderne im Wege stehen. In dieser Rhetorik ist der Feind ein Feind der Moderne selbst (Reemtsma 2008: 269-93). Die Rhetorik der eschatologischen Säuberung hat ihren Platz in revolutionären Projekten und rechtfertigt Gewalt gegen jene, die den Erfolg der Revolution verhindern. Der Feind ist hier der Verräter an der revolutionären Sache (Reemtsma 2008: 307-14). Die Rhetorik des Genozids schließlich konstruiert den Feind als einen »biologischen« und erklärt Gewalt so zum Lebensprinzip der Volksgemeinschaft (Reemtsma 2008: 314-21). Reemtsmas Studie zeigt eindrücklich auf, dass für die ordnungsbildenden Wirkungen von Gewalt nicht nur deren interaktive, sondern vor allem auch die daran anknüpfende kommunikative oder diskursive

Dynamik von zentraler Bedeutung ist. So stellt sie den bislang umfassendsten Versuch dar, den empirisch-phänomenologischen Zugang zur Gewalttheorie mit der normativen Perspektive in einem Ansatz zu verbinden.

Die Ordnung gewaltsamer Interaktion: Collins

Einen ganz eigenständigen und in mancherlei Hinsicht quer zu den bisher diskutierten Ansätzen liegenden Zugriff auf das Problem der Gewaltordnung hat jüngst der US-amerikanische Soziologe Randall Collins vorgelegt. In *Violence. A Micro-Sociological Theory* (2008) entwickelt er einen theoretischen Vorschlag, der die situative Dynamik von Gewaltphänomenen ins Zentrum rückt. Ausgangspunkt der Überlegungen ist die Feststellung, dass Gewalt eine seltene und relativ unwahrscheinliche Form menschlichen Handelns darstellt. Denn es gibt nicht nur starke normative, sondern auch emotionale Barrieren, die überwunden werden müssen, um sie in Gang zu setzen. Dies gilt, betont der Autor, selbst für Gegenden oder Personen, die gemeinhin als extrem gewalttätig gelten: »[...] even people that we think of as very violent [...] are violent only in very particular situations. [...] Most of the time, the most dangerous, most violent persons are not doing anything violent« (Collins 2008: 3). Anders als es populäre Diskurse bisweilen suggerieren, stellt Gewalthandeln deshalb immer eine Ausnahme und nicht die Regel menschlicher Interaktion dar.

Collins gilt als einer der Pioniere der Emotionssoziologie und arbeitet seit den 1970er Jahren an einer Explikation und Differenzierung der emotionssoziologischen Intuitionen in der Interaktionstheorie Erving Goffmans (Collins 2005). Dessen Ansatz geht davon aus, dass auch alltägliche soziale Interaktionen – verstanden als die aufeinander bezogene Ko-Präsenz von Akteuren im Raum – Ritualcharakter besitzen und von der Selbstrepräsentation der Akteure bestimmt sind. Durch Fokussierung der Aufmerksamkeit und rhythmische Synchronisierung von Körperbewegungen entsteht zwischen Interagierenden ein emotionales Feld. Entscheidend in der Collins'schen Perspektive ist, dass Emotionen in besonderem Maße zur Strukturierung von Interaktion beitragen. Sie stellen also keine der Psyche zuzuordnenden Begleiterscheinungen des Sozialen dar, die man analytisch getrost vernachlässigen dürfte, sondern wirken, indem sie beobachtet und bewertet werden, handlungsleitend. Die für die Dynamik gewaltsamer Interaktionen entscheidenden Emotionen sind Anspannung (*confrontational tension*) und Furcht (*fear*), die beide zunächst gewalthemmend wirken. Im Zentrum von Collins' Arbeit steht nun die Rekonstruktion typischer situativer Dynamiken, die zur Überwindung dieser Emotionen führen und Gewalt tatsächlich in Gang setzen.[39] Besondere Aufmerksamkeit gilt dabei dem Verhältnis von emotionaler und physischer Dominanz. Ein zentrales Argument lautet, dass Erfolg in gewaltsamen Interaktionen nicht allein auf physisches Vermögen gegründet ist, sondern vor allem auf die Fähigkeit, das emotionale Feld zum eigenen Vorteil zu strukturieren. In diesem Sinne lässt sich aus Collins' Sicht Gewalt niemals durch eine Analyse einzelner Akteure und ihrer Handlungen verstehen, sondern immer nur als Produkt eines zwischen diesen Akteuren sich aufspannenden Feldes, das er als emotionalen Aufmerksamkeitsraum (*emotional attention space*) beschreibt. Gewalt bedeutet Dominanz in diesem emotionalen Aufmerksamkeitsraum (Collins 2008: 413-62).

Innerhalb der deutschsprachigen Soziologie löste Collins' Mikrosoziologie einen neuerlichen Boom der Beschäftigung mit Gewaltphänomenen aus. Das Werk verstärkte das bereits durch die Gewaltphänomenologie geweckte Interesse an situativen Dynamiken, auch wenn es in einen gänzlich anderen (erkenntnis-) theoretischen Horizont gestellt war. Inzwischen hat sich die ›situationistische Gewaltsoziologie‹ als ein weitgehend eigenständiges Forschungsfeld etabliert, in dem konzeptionell nicht nur an theoretischer Ausdifferenzierung, sondern vor allem auch an methodologischer Verfeinerung gearbeitet wird (siehe Hoebel/Knöbl 2019; Hoebel/Malthaner 2019).

4.4 Gewalt und Subjekt

Zum Abschluss dieses Kapitels werden wir uns Theorien zuwenden, die die Frage nach dem Verhältnis von Gewalt und Subjekt stellen. Dies bedeutet jedoch keinesfalls einen Wechsel in die Psychologie. Vielmehr steht in zeitgenössischen, soziologisch orientierten Debatten der Begriff des Subjekts für das immer schon vergesellschaftete Individuum. Subjekte sind gleichsam Typenbegriffe, die durch Sozialisation vermittelte gemeinsame Denk- und Verhaltensmuster, also psychische Strukturen bezeichnen. Die Kategorie des Subjekts verweist somit auf die historisch, sozial und kulturell geprägte Form, in der der Einzelne in der Gesellschaft erscheint und als zurechnungsfähiger Akteur wahrgenommen wird, auf jene Form also, die herstellt, was Judith Butler »soziale Intelligibilität« nennt (Butler 1993). So zielt der Begriff des Subjektes darauf, den analytischen Dualismus von »Individuum« und »Gesellschaft« aufzuheben, und entlarvt diesen als historisches Erbe von Liberalismus und Nationalismus. In einer frühen Formulierung dieses Problems bei Norbert Elias heißt es, »daß sich Begriffe wie ›Individuum‹ und ›Gesellschaft‹ nicht auf zwei getrennt existierende Objekte, sondern auf verschiedene, aber untrennbare Aspekte der gleichen Menschen beziehen« (Elias 1976a: XVIII).

Obwohl diese dynamische Interdependenz zwischen den Strukturen des Einzelnen und denen der Gesellschaft die Sozialtheorie bereits seit dem ausgehenden 19. Jahrhundert beschäftigt[40], wurde der Begriff in dem hier beschriebenen Sinne vor allem durch die Arbeiten Michel Foucaults populär. Dieser beschreibt Subjektivierung (*assujetissement*) als einen ambivalenten Prozess, der zugleich Unterwerfung und Ermächtigung produziert – Unterwerfung, weil Subjekt-Sein eben nur in bestimmten, strukturell gefestigten und institutionell verankerten Formen möglich ist; aber auch Ermächtigung, weil genau aufgrund dieser Anbindung Handlungsfähigkeit entsteht, die in langfristiger Perspektive sogar die Veränderung von Subjektstrukturen ermöglicht. So steht der Subjektbegriff dem des Habitus (vgl. Bourdieu/Wacquant 1996) nahe, der ebenfalls auf eine analytische Synthese von Individuum und Gesellschaft zielt.

Die Relevanz von Subjekttheorien für das Verständnis und die Theoretisierung von Gewalt besteht in der Bedeutung von Subjektstrukturen für die Lösung des Problems der Gewaltkontrolle. Die Einhegung der Gewalt in Herrschaftsstrukturen verlangt, wie bereits mehrfach erwähnt, Anstrengungen in zweierlei Richtungen: Einerseits gilt es, unerwünschte Gewalt einzudämmen, andererseits ist aber gerade zu diesem Zweck oft Gewalthandeln nötig. Herrschaft muss also Gewalt im Allgemeinen zurückdrängen und sie gleichzeitig punktuell ermöglichen. Mit Blick auf letztere Anforderung ist zu beobachten, dass die empirischen Dispositionen, von der allgemein menschlichen Verletzungsmächtigkeit tatsächlich Gebrauch zu machen, sehr verschieden sind. Nur ein Teil dieser Varianz lässt sich im engeren Sinne psychologisch erklären. Von solchen individuellen Faktoren abgesehen, ist das Verhältnis des Einzelnen zur Gewalt von sozialen, kulturellen und historischen Einflüssen geprägt. In diesem Sinne ist ein spezifisches Verhältnis zur Gewalt Teil von Subjektstrukturen.[41] Dieses Verhältnis stellt sich bei Berufssoldatinnen anders dar als bei Zwangsprostituierten und bei Justizvollzugsbeamtinnen anders als bei Hooligans.

Die theoretischen Arbeiten, die sich diesem Verhältnis von Gewalt und Subjektstruktur widmen, lassen sich auf drei Begriffe engführen, die wir im Folgenden anhand einschlägiger Autoren näher beleuchten wollen: Dies ist erstens der Begriff des Zivilisationsprozesses, der sich vor allem mit den Arbeiten von Norbert Elias, in jüngerer Zeit auch denen von Steven Pinker verbindet; zweitens der Begriff der Disziplinierung, der zentral auf das Werk von Michel Foucault zurückgeht; und drittens der Begriff der Mobilisierung, der vor allem in der Militärsoziologie eine Rolle spielt.

Gewalt im Prozess der Zivilisation: Elias, Pinker, Girard

Der Begriff des Zivilisationsprozesses verweist darauf, dass sich im Verlauf historischer Entwicklungen die Bedingungen ändern, unter denen Gewalthandeln möglich ist. Der klassische Beitrag in dieser Diskussion ist Norbert Elias' Untersuchung *Über den Prozeß der Zivilisation. Soziogenetische und psychogenetische Untersuchungen*[42] (1976 [1939]), die sich dem historischen Wandel menschlicher Affektstrukturen und deren Bezug zu gesamtgesellschaftlichen Strukturwandlungen widmet. Ausgangspunkt ist die Beobachtung, dass seit dem Ausgang des Mittelalters eine Veränderung affektgebundener – einschließlich aggressiver – Verhaltensweisen zu beobachten ist, und zwar in Richtung einer zunehmenden Straffung und Differenzierung der Mechanismen der Affektkontrolle. Diese Entwicklung zu erklären ist Ziel des Werks. Die Originalität des Elias'schen Ansatzes besteht darin, dass er – in deutlicher Abgrenzung zur Theorie des Strukturfunktionalismus, den er als »Zustandssoziologie« kritisiert – diesen Prozess fortschreitender Zivilisierung als eine Ko-Evolution psychischer Strukturen und sozialer Strukturen rekonstruiert. Die fortschreitende Internalisierung von Verhaltensgeboten in Form von Scham- und Peinlichkeitsschwellen, von Empathie und Rationalität einerseits und die Zentralisierung von Gesellschaften in Gestalt von Gewalt- und Steuermonopolen andererseits bedingen und verstärken einander. Zugespitzt formuliert sind moderne Subjekte und moderne Staaten Produkte ein und desselben Prozesses. So macht Elias' Arbeit deutlich, dass die Stabilisierung funktionierender Gewaltmonopole in den europäischen Nationalstaaten nicht allein auf die Ausbildung effizienter Institutionen zurückzuführen ist, sondern auch auf die gleichzeitig fortschreitende Verinnerlichung von Verhaltensnormen, die kontinuierliche Verwandlung von Fremd- in Selbstzwänge und die damit einhergehenden Veränderungen von Körperstrukturen (Elias 1976b: 312-36). Während im Mittelalter die Entladung von Affekten im Kampf zum regulären Verhaltensrepertoire gehörte und in den Liedern der Minnesänger Qual und Grausamkeit als hohe Lust beschrieben werden (Elias 1976a: 263-301), ist ab dem 16. Jahrhundert eine »Verhöflichung« der Krieger zu beobachten. Die Selbstkontrolle aggressiver Affekte spielte dabei eine zentrale Rolle (Elias 1976b: 351-69). Doch hebt Elias hervor, dass sich diese nicht isoliert von der wachsenden Selbstkontrolle in anderen Feldern verstehen lässt: »Das Affektgefüge des Menschen«, schreibt er, »ist ein Ganzes. Wir mögen die einzelnen Triebäußerungen nach ihren verschiedenen Richtungen und ihren verschiedenen Funktionen mit verschiedenen Namen benennen, wir mögen von Hunger und dem Bedürfnis zu spucken, von Geschlechtstrieb und von Angriffstrieben sprechen, im Leben sind diese verschiedenen Triebäußerungen so wenig von einander trennbar, wie das Herz vom Magen oder das Blut im Gehirn vom Blut im Genitalapparat.« (Elias 1976a: 263) Der Rückgang der Gewaltneigung ist also das Ergebnis der Umformung eines Habitus, die alle Lebensbereiche umfasst. In der Folge kommt in modernen Gesellschaften Gewalt regelmäßig nur noch in räumlich und zeitlich fest umrissenen Enklaven vor – beispielsweise im Krieg, im Sport oder in sogenannten kriminellen Milieus –, wo sie von Akteuren ausgeübt wird, deren Habitus – legitimer- oder illegitimerweise – vom beschriebenen Langzeittrend abweicht.

Der theoretische Zugriff wie auch der empirische Gehalt von Elias' Werk sorgen bis heute für heftige Diskussionen. Der deutsche Friedensforscher Dieter Senghaas (2004) etwa hat Elias' Theorie zu einem »zivilisatorischen Hexagon« weiterentwickelt, das ihm als universelles Friedensmodell gilt. Der Ethnologe Hans Peter Duerr (1988 ff.) hat sich dagegen mit viel Aufwand um eine Widerlegung des Werks von Elias bemüht. Der französische Ökonom Jean-Claude Chesnais (1981) hat dagegen Elias' Thesen über den Rückgang krimineller Gewalt durch historische Statistiken belegt, soweit dies überhaupt möglich ist. Populär aufgegriffen wurden Elias' Überlegungen zuletzt von dem bereits im zweiten Kapitel erwähnten US-amerikanischen Evolutionspsychologen Steven Pinker. In *The Better Angels of Our Nature* (2011) verbindet er qualitative und quantitative sozialwissenschaftliche Analysen mit entwicklungspsychologischen Beobachtungen, um in einer extremen Langzeitperspektive den Rückgang der Gewalt in der Menschheitsgeschichte nachzuzeichnen und vor allem zu erklären. Pinkers Arbeit akzentuiert die Elias'schen Argumente, insofern als hier die Aufmerksamkeit nicht nur Strukturen des Fühlens und des Handelns, sondern in besonderer Weise auch Strukturen des Denkens gilt. So holt Pinker in den Blick, dass die Umwandlung von Fremdzwängen in Selbstzwänge auch eine diskursive Dimension hat und mit der ebenfalls im zweiten Kapitel diskutierten fortschreitenden Ächtung der Gewalt Hand in Hand geht.

Einen ganz anders gelagerten Vorschlag präsentiert der französische Literaturwissenschaftler und Kulturanthropologe René Girard. In *Das Heilige und die Gewalt* (1992 [1972]) entwickelt er jenseits der Traditionen der politischen Theorie und stattdessen ausgehend von einer Analyse antiker Mythen eine kulturtheoretische Sicht auf das Problem. Grundlage der Überlegungen ist, ähnlich wie in den Arbeiten Popitz', eine anthropologische Perspektive. Die menschliche Grunddisposition, die das Problem der Gewaltkontrolle begründet, ist, so Girard, das »mimetische« Streben des Menschen, sein Drang zur Nachahmung. Das Gewaltproblem ergibt sich also nicht aus einem irgendwie anarchischen Naturzustand, sondern entspringt der Konkurrenz, die dann entsteht, wenn sich das Nachahmungsstreben auf in ihrer Verfügbarkeit begrenzte Objekte richtet. Diese Konkurrenz kann dann in gewaltsame Konflikte umschlagen. Und weil auch die Gewalt dem Nachahmungsprinzip nicht entzogen ist, droht deren Entgrenzung in einem nicht enden wollenden Kreislauf der Rache.

Laut Girard lassen sich die Versuche, diesen Kreislauf zu durchbrechen, in drei Gruppen einteilen: erstens die Prävention des Rachezyklus durch die Ablenkung der Aggression in einer Opferhandlung; zweitens die Erschwerung der Rache durch den Versuch gütlicher Einigung; und drittens das Gerichtswesen, das die Wiederherstellung der sozialen Beziehungen anstrebt (Girard 1992: 36). Girard hebt hervor, dass diese Mechanismen von unterschiedlicher Effizienz und an sehr verschiedene institutionelle Voraussetzungen gebunden sind. In der genannten Reihenfolge korrelieren sie, zumindest in der abendländischen Kultur, mit einer historischen Entwicklung: Während die Sicherung der Gemeinschaft durch die Ausstoßung und Tötung eines Opfers charakteristisch für religiös geprägte, archaische Gesellschaften ist, ist ein funktionierendes Gerichtswesen an die Existenz einer starken politischen Macht gebunden (Girard 1992: 36-38). Entscheidend an Girards Vorschlag ist jedoch, dass die Überwindung der Gewaltkrise durch das Opfer die Bedingung für die Fortentwicklung menschlicher Gemeinschaften überhaupt darstellt. Insofern stellt seine Theorie auch einen Alternativvorschlag zur Begründung sozialer Ordnungen überhaupt dar, die hier nicht der Sphäre des Politischen, sondern der des Religiösen entspringt.

Betont werden sollte, dass die genannten zivilisationstheoretischen Ansätze keineswegs nur auf pazifistischem Wunschdenken beruhen. Die Argumente gewinnen ihre Relevanz durch ihre diachron-vergleichende Struktur und den Bezug auf Epochen überspannende Zeiträume. So schreibt Norbert Elias: »Man kann nie mit Bestimmtheit sagen, daß die Menschen einer Gesellschaft zivilisiert *sind*. Aber man kann aufgrund von systematischen Untersuchungen unter Hinweis auf nachprüfbare Belege recht wohl mit hoher Bestimmtheit von einigen Menschengruppen sagen, daß sie zivilisierter *geworden sind*, ohne notwendigerweise damit den Gedanken zu verbinden, daß es besser oder schlechter ist, daß es einen positiven oder negativen Wert hat, zivilisierter geworden zu sein.« (Elias: 1976a: XX)

Disziplinierung und Gewalt: Foucault

Der zweite zentrale Begriff in subjektheoretischen Beiträgen zur Gewalttheorie ist Disziplinierung. Er wurde vor allem durch Michel Foucault geprägt. Ebenso wie Weber, Popitz oder Arendt vor ihm interessierte sich auch der französische Sozialtheoretiker für Gewalt im Kontext seiner Arbeiten an einer Theorie der Macht. Im Zentrum der Foucault'schen Machttheorie steht bekanntermaßen die Ablösung des Machtbegriffs von dem des Individuums oder Akteurs. Während in den verschiedenen Traditionen der politischen Theorie Macht konzeptuell immer an

Akteure gebunden war, die sie »ausübten«, über sie »verfügten« oder einfach »hatten«, konzipiert Foucault Subjektlosigkeit als das entscheidende Charakteristikum moderner Macht; sie ist kein Merkmal von Personen mehr, sondern ein »Effekt« gesellschaftlicher Institutionen und Dispositive. »Diese Macht ist nicht so sehr etwas, was jemand besitzt, sondern vielmehr etwas, was sich entfaltet.« (Foucault 1992: 38) Der Begriff der Disziplin ist für das Verständnis dieses Machttypus zentral. »Disziplin ist«, so Foucault, »im Grunde der Machtmechanismus, über den wir den Gesellschaftskörper bis hin zum kleinsten Element, bis hin zu den sozialen Atomen, also den Individuen, zu kontrollieren vermögen. Es handelt sich um die Techniken der Individualisierung von Macht. Wie kann man jemanden überwachen, sein Verhalten und seine Eignung kontrollieren, seine Leistung steigern, seine Fähigkeiten verbessern? Wie kann man ihn an den Platz stellen, an dem er am nützlichsten ist? Darum geht es bei der Disziplin.« (Foucault 2005: 233) Die Formierung und Durchsetzung von Disziplinen vollzieht sich – und das macht die Machttheorie Foucaults gewalttheoretisch interessant – immer auch am Körper, dessen Strukturen verändert, »zugerichtet« werden sollen.

Erstmals ausgeführt finden sich diese Überlegungen in *Überwachen und Strafen* (1992 [1975]). Die Schrift rekonstruiert die Entstehung des modernen Gefängnisses, verfolgt aber damit nicht primär historische, sondern vor allem konzeptuelle Absichten. Es geht um die Erarbeitung der Merkmale eines spezifischen, sich im späten 18. Jahrhundert herausbildenden Machttyps, dessen Strukturen sich auch in anderen Institutionen, beispielsweise Schulen, Krankenhäusern oder Produktionsstätten, beobachten lassen. Charakteristisch für diesen Machttyp sind Körpertechnologien, die Körperstrukturen den veränderten Anforderungen der politischen Ökonomie anpassen.

Der entscheidende Wandel in der Strafpraxis seit dem *Ancien Régime* besteht, so Foucault, im fortschreitenden Verzicht auf Körperstrafen. Doch anders als man beispielsweise mit Pinker und Elias vermuten würde, ist dies nicht primär Ausdruck einer zunehmenden Gewaltaversität der Gesellschaft, sondern ein Hinweis auf einen Wandel der Natur der Macht selbst: Unter den Bedingungen des Absolutismus ist der Souverän nicht bloßer Repräsentant der Macht, sondern er verkörpert den Staat und das Gesetz. In dieser Logik trifft jeder Gesetzesverstoß den Herrscher persönlich und muss deshalb auf Schärfste geahndet werden. Die Antwort auf die Verletzung der Regel besteht in der Verletzung des Körpers des Missetäters. Diese Strafen sind qualvoll und werden öffentlich zur Schau gestellt. Diese uns heute als grausam erscheinende Strafpraxis ist, so Foucault, folglich kein Ausdruck vormoderner Blutlust oder politischer Irrationalität, sondern sie entspringt dem personalisierten Charakter der Macht selbst. Indem er den Körper des Rechtsbrechers vor aller Augen zerstört, statuiert der Souverän nicht nur ein abschreckendes Exempel, sondern stellt vor allem, indem er unumschränkte Verfügungsgewalt demonstriert, die Integrität seiner Macht wieder her, die durch den Rechtsbruch verletzt wurde. Mit der Entwicklung des Gefängnisses jedoch wird aus dieser strafenden Gerechtigkeit eine Technologie der Bestrafung. Statt demonstrativer Zerstörung des Körpers steht nun dessen »Dressur« im Vordergrund. Einsperrung ermöglicht nicht nur Kontrolle über, sondern auch Einflussnahme auf körperliche Vollzüge und damit die nachhaltige Veränderung leiblicher Strukturen. An die Stelle des strafenden Angriffs auf den Körper in aller Öffentlichkeit tritt also dessen Überwachung und Zurichtung innerhalb eines geschlossenen Disziplinarraums. Architektonisch perfektioniert findet Foucault diese Idee in dem von Jeremy Bentham Ende des 18. Jahrhundert entwickelten Panoptikum, dem – nie verwirklichten – Entwurf eines Gefängnisses, in dem jede Zelle von einem zentralen Punkt aus einsehbar ist.

Foucaults Ansatz läuft nun jedoch nicht darauf hinaus, dass in modernen Gefängnissen Gewalt gegen Insassen nicht mehr vorkommen würde. Vielmehr besteht der Unterschied zwischen modernen und älteren Strafpraxen nicht im Vorkommen der Gewalt an sich, sondern in deren Bedeutung. Anders als die vom absolutistischen Herrscher verhängte Marter ist diese nicht strafenden, sondern disziplinierenden Charakters. Hier beweist sich kein Souverän in einem – um mit Reemtsma zu sprechen – autotelischen Exzess, sondern eine Verhaltensanpassung soll erzeugt werden, die den wiederholten Einsatz von Gewalt unnötig werden lässt. Das Dispositiv der Überwachung erhöht die Effizienz dieser disziplinierenden Gewalt, indem es die Möglichkeit unbeobachteter Regelverstöße ausschließt.

In ganz anderer Perspektive als die zuvor diskutierten Zivilisationstheoretiker lenkt die Arbeit Foucaults also den Blick auf den Wandel von Fremd- in Selbstzwänge. Während Elias die wachsende Gewaltaversität auf eine langfristige Transformation von Affektstrukturen zurückführt, rekonstruiert Foucault für das Feld der Strafpraxis eine Verdrängung von Gewaltpraktiken durch Technologien der Disziplinierung. Dabei wird zum einen deutlich, dass sich verschiedene Machttypen verschiedener Formen der Gewalt bedienen, die sich auch in ihrer Bedeutung unterscheiden – eine Überlegung, die in den weiter oben bereits vorgestellten Arbeiten Jan Philipp Reemtsmas wieder auftaucht. Darüber hinaus macht Foucault darauf aufmerksam, dass Gewalt nur eine Form des Zugriffs der Macht auf den Körper unter vielen darstellt. Ähnlich wie in der Arbeit von Elias bedeutet deshalb ein Rückgang der Gewalt nicht automatisch einen Zuwachs an Freiheitsgraden.

Sowohl in den zivilisationstheoretischen Arbeiten von und im Anschluss an Elias als auch im eben vorgestellten Ansatz von Foucault stehen jene Transformationen von Subjektstrukturen im Vordergrund, die zu einem Rückgang beziehungsweise einer Verdrängung oder Substitution von Gewalt in der Gesellschaft führen. Doch bedürfen nachhaltige Strukturen der Gewaltkontrolle, wie zuvor erwähnt, nicht nur eines allgemeinen Rückgangs der Gewaltaffinität, sondern sie müssen gleichzeitig in je spezifischen Kontexten Gewalt ermöglichen, um sich gegen Herausforderer verteidigen zu können – seien diese nun politische Konkurrenten im engeren Sinne, Kriminelle oder einfach Anpassungsverweigerer. Und auch die Herausforderer selbst müssen, jedenfalls wenn sie langfristige Ziele verfolgen, Gewalthandeln verlässlich reproduzierbar machen. So sind Armee und Polizei, nicht-staatliche bewaffnete Gruppen, Drogenkartelle und Hooligan-Gruppen vor allem dadurch charakterisiert, dass hier Kampf- und Gewaltbereitschaft auf Dauer gestellt sind. Fragt man nach dem Verhältnis von Gewalt und Subjektstrukturen, geht es also nicht nur um die Reduktion von Gewaltaversität, sondern ebenso um die Frage der Produktion zuverlässig abrufbarer Gewaltfähigkeit. Diese Dynamiken sollen hier unter dem Stichwort Mobilisierung diskutiert werden.

Anders als die beiden bisher vorgestellten Themenfelder Zivilisierung und Disziplinierung sind die Subjektdynamiken der Mobilisierung sozialtheoretisch noch kaum erfasst. Dies ist vor allem darauf zurückzuführen, dass diese Prozesse klassischerweise Gegenstand der Militärsoziologie waren, die sich jedoch bald nach dem Zweiten Weltkrieg als Spezialdisziplin »einkapselte« (Joas/Knöbl 2008: 244) und jüngere Impulse – wie beispielsweise die Entwicklung der Subjekttheorien – kaum rezipierte.

Dabei zeigten sich frühe militärsoziologische Arbeiten durchaus sensibel für die Bedeutung von Subjektstrukturen in bewaffneten Verbänden. So machen Studien über Kampferfahrungen im Zweiten Weltkrieg vor allem auf die Bedeutung von Gruppenprozessen für den Zusammenhalt und die Effektivität von Kampfverbänden aufmerksam. Einschlägig sind hier vor allem die von Samuel Stouffer geleitete Studie über US-Soldaten (Stouffer 1949) und jene von Edward Shils und Morris Janowitz über Soldaten der Wehrmacht (Shils/Janowitz 1948), die die zentrale Bedeutung von sozialen Bindungen innerhalb von Kampfverbänden für deren Effektivität im Kampf herausstellen. Nur wenige Jahre nach dem Ende des Zweiten Weltkriegs widersprachen diese Soziologen damit der weit verbreiteten Ansicht, nationalistische Indoktrination – also Vaterlandsliebe und Feindeshass – seien bestimmend für das Verhalten von Soldaten in der Schlacht. Stattdessen zeigten sie, dass Soldaten in erster Linie füreinander und nicht für eine »Sache« kämpften. In der Praxis der Militärausbildung wurden diese Einsichten aufgegriffen, indem der Aufbau quasi-familiärer sozialer Bindungen zwischen den Soldaten im Allgemeinen und den Angehörigen einer Kampfeinheit im Besonderen systematisch integriert wurde (Grossman 1996; Bourke 1999: 142-45).

Subjekttheoretische Anschlüsse im engeren Sinne ergaben sich für die Militärsoziologie erst in jüngerer Zeit. In dem 2008 erschienenen Band *Das Militär und seine Subjekte* unternimmt beispielsweise Jens Warburg den Versuch, die Komplexität soldatischer Subjektivität in historischer Perspektive zu rekonstruieren. Besondere Aufmerksamkeit liegt dabei auf den Ambivalenzen und Spannungen, beispielsweise zwischen der extrem hierarchischen Organisationskultur und der wachsenden gesellschaftlichen Wertschätzung persönlicher Autonomie und Eigeninitiative oder zwischen dem Bild vom Soldaten als Kämpfer und dem insbesondere in humanitären Einsätzen immer wichtiger werdenden

Bild vom Soldaten als Helfer (Warburg 2008; siehe auch Reckwitz/Schlichte 2013). Doch gab es auch außerhalb der Militärsoziologie Versuche, die spezifische Subjektivität von Kombattanten theoretisch zu fassen. So wurden in der Bürgerkriegsforschung beispielsweise das Konzept des *Habitus* oder das des Körpergedächtnisses herangezogen, um die Formation und Transformation nicht-staatlicher bewaffneter Gruppen zu rekonstruieren und um die sich daraus ergebenden Probleme für die Nachkriegssituation in den Blick zu nehmen (Koloma Beck/Schlichte 2007; Koloma Beck 2012; 2013). Im Kontext der Bürgerkriegsforschung machen diese subjekttheoretisch angelegten Beiträge vor allem darauf aufmerksam, dass ein dauerhafter Übergang vom Krieg zum Frieden nicht nur die Beilegung der Gewalt und den sogenannten Wiederaufbau des Landes erfordert, sondern vor allem auch die Transformation der spezifischen Subjektivitäten, die sich unter den Bedingungen des Krieges geformt haben.

Ein ganz eigenes subjekttheoretisch orientiertes Forschungsfeld hat sich in den letzten Jahren an der Schnittstelle von Gewalt- und Genderforschung etabliert. Hier entstanden zum einen allgemeiner ausgelegte Ansätze, die Gewalt als Element geschlechtslogischen Handelns rekonstruieren. Den zum Teil auch habituell verankerten Gewaltpraxen im Kontext von *»doing masculinity«* gilt dabei besondere Aufmerksamkeit (Meuser 2002). Zum anderen gewinnen explizit subjekttheoretische Perspektiven in den Forschungen zu sexueller und sexualisierter Gewalt an Bedeutung. Dies gilt insbesondere für Arbeiten, die sich dem Zusammenhang von Geschlecht, Gewalt und Politik widmen. Die theoretische Relevanz dieser Arbeiten besteht vor allem darin, dass sie durch ihren differenzierten Blick auf den Körper in besonderer Weise Aufschluss über die Verflechtungen zwischen den organischen und den politisch-sozialen Bedingungen menschlichen Zusammenlebens geben.[43]

Für die weitere Entwicklung empirisch-erklärender Gewalttheorien scheint das noch junge Feld der Subjekttheorien besonders interessant. Denn dieser Zugang hebt hervor, dass Gewaltdynamiken nicht nur von Konflikten und Kalkülen, sondern auch von habituellen Strukturen geprägt sind. So kann Gewalt – wie Gewaltlosigkeit – zu einer »Lebensform« (Reemtsma 2008: 504) werden, die Wahrnehmungs- und Denkschemata ebenso prägt wie Handlungs- und Körperstrukturen. Subjekttheorien stellen einen Rahmen bereit, solche Dynamiken zu fassen, und eröffnen so auch die Möglichkeit, verschiedene Forschungsstränge zusammenzubringen. Insbesondere die Kluft zwischen Forschungen zu politischer Gewalt im weitesten Sinne und eher apolitischen Gewaltphänomenen (häusliche Gewalt, Jugendgewalt, kriminelle Gewalt) könnte so überwunden werden. Darüber hinaus scheint der Begriff des Subjekts, in dem sich die Dimensionen von Individuum und Gesellschaft kreuzen, sozialtheoretisch in besonderer Weise geeignet, jenseits aktueller Faktoren und Kalküle die *longue durée* von Gewaltdynamiken in den Blick zu nehmen.

Gegenstand dieses vierten Kapitels waren sozialtheoretische Ansätze, die den Blick auf die empirischen Dynamiken der Gewalt in Prozessen sozialer Ordnungsbildung lenken. Wir haben gezeigt, dass sich bereits einige Klassiker der jüngeren Sozialtheorie aus einer solchen Perspektive lesen lassen. Fahrt nahm die Entwicklung dieses Forschungsfeldes jedoch erst gegen Ende des 20. Jahrhunderts auf. Dabei bilden die vorgestellten theoretischen Entwürfe jedoch nur einen Ausschnitt dieser Entwicklung ab. Denn stärker noch als die Produktion von Theorien hat der Neuaufbruch in der Gewaltforschung ab den 1980er Jahren empirische Forschungen inspiriert. Diese empirische Gewaltforschung ist inzwischen nachhaltig etabliert, sowohl was die Gegenstände betrifft als auch im Hinblick auf die Perspektiven. Neben den noch in den 1980er Jahren dominanten makroquantitativen Ansätzen hat sich inzwischen die qualitative, an Meso- und Mikrodynamiken der Gewalt interessierte Forschung institutionalisiert und ausdifferenziert. Doch sind die theoretischen Potenziale, die sich aus der Vielfalt der inzwischen vorliegenden Arbeiten und Fallstudien ergeben, bisher kaum erschlossen. Deshalb darf man auf die Weiterentwicklung erklärender Gewalttheorien gespannt sein.

5. Schluss: Vom Verschwinden der Gewalt

Zu Beginn dieser Einführung haben wir drei Varianten des »Gewaltproblems« unterschieden: Gewaltkontrolle, Gewaltlegitimierung und die begriffliche Fassung von Gewaltphänomenen. In einem Durchgang durch die Theoriegeschichte haben wir dann gezeigt, wie seit den Anfängen der Staatstheorie in der europäischen Frühen Neuzeit zunächst die Frage nach dem legitimen Ort der Gewalt in der Gesellschaft im Zentrum der theoretischen Diskussionen stand. Das staatliche Gewaltmonopol war die Antwort auf diese Frage, und später kam die Forderung dazu, dass dieses Monopol einer demokratischen Kontrolle zu unterwerfen sei. Das ist bis heute die Standardantwort auf die Frage nach der richtigen Organisation der Gewalt.

In der zweiten Hälfte des 20. Jahrhundert wuchs nach und nach auch das Interesse an den empirischen Dynamiken der Gewalt und deren Bedeutung in der (Re-)Produktion und Transformation sozialer Ordnungen. Dazu haben wir wichtige theoretische Perspektiven der Sozialwissenschaften vorgestellt, die versuchen, empirische Gewaltphänomene zu verstehen und zu erklären. Was diese beiden theoretischen Perspektiven verbindet, ist das Problem der Legitimität der Gewalt. In diesem Schlussabschnitt wollen wir kurz vorstellen, wie diese Frage für die Gegenwart diskutiert wird.

Wir nennen diese Schlussbemerkung »Vom Verschwinden der Gewalt«, weil dies aus unserer Sicht zwei Beobachtungen kennzeichnet: Zum einen ist nach dem Selbstverständnis moderner

Gesellschaften die Gewalt rückläufig, sie verschwindet sozusagen zunehmend aus dem politischen Leben. Und zum anderen verschwindet die Gewalt aus der politischen und sozialen Sprache: In dem Umfang, in dem die westliche Sprache der Politik von staatlichen, oft juristischen Sprachregelungen beherrscht wird, ist auch eine mit Gewalt konnotierte Semantik zum Verschwinden gebracht worden.

Die Widersprüche, die wir in den beiden großen Kapiteln dieses Bandes thematisiert haben, sind bis heute nicht aufgelöst worden. Zwar ist auch in der Gegenwart das staatliche Gewaltmonopol die sicher global verbreitetste Antwort auf das Ordnungsproblem der Gewalt. Aber faktisch ist das Gewaltmonopol nicht unumstritten. Es ist umstritten in all den Fällen, in denen mit bewaffneter Gewalt staatliche Herrschaft herausgefordert wird. Auch in der Gegenwart sind Dutzende von Staaten in internationale und interne Gewaltkonflikte verwickelt, in denen darum gestritten wird, wessen Gewalt legitim ist. Kennzeichen dieser Konflikte ist aber, dass nicht die Institution des Gewaltmonopols umstritten ist, sondern nur dessen Innehabung. Jede siegreiche Rebellion hat bisher das Gewaltmonopol ebenso für sich beansprucht wie die Regierung, die sie zuvor herausforderte.

Bei einem anderen Streit um das Gewaltmonopol geht es eher ums Prinzip: Hier wird die Legitmität des staatlichen Gewaltmonopols von außen infrage gestellt. In der internationalen Politik wird seit mittlerweile zwanzig Jahren diskutiert, unter welchen Umständen »die internationale Gemeinschaft« (zum Begriff vgl. Bliesemann/Kühn 2011) berechtigt oder gar verpflichtet ist, die Souveränität von Staaten aufzuheben und mit Gewalt in innere Konflikte zu intervenieren.

Man kann diese Diskussion, die letztlich eine Diskussion um die Gewaltordnung im Weltmaßstab ist, als das Ergebnis eines langen Prozesses interpretieren, in dem es im Kern um die Legitimität der Gewalt geht. Die Frage, ob staatliche Souveränität oder die Menschenrechte oberste Norm der Politik sein sollten, verweist auf die lange Geschichte der Gewaltkritik durch humanitäre Bewegungen. Diese Kritik ist zunehmend global geworden und deshalb berührt sie seit langem auch die Legitimität der internationalen Ordnung.[44] Die Gewalt verschwindet in diesem Diskurs insofern, als sie ganz entlang der alten Teilung der Welt zwischen »zivilisierten« und »barbarischen« Zonen (vgl. Rufin 1996) die westliche Welt als die fortgeschrittenere definiert. Die Gewalt hat sich vermeintlich in andere Regionen und soziale Randgebiete zurückgezogen und muss dort, auch unter Einschluss gewaltsamer Mittel, bekämpft werden.

Aus der Sicht der empirischen Gewaltforschung sind mindestens drei Einwände gegen diese vorherrschende Sichtweise formulierbar. Zum einen käme es darauf an, die Gewaltphänomene – gleichviel, wo sie sich zutragen – erst einmal genau zu betrachten. Denn die »barbarische Gewalt« ist immer die nur beobachtete, die sprachlose. Ihre Begründungen oder Gründe werden im humanitären Diskurs nicht thematisiert. Man versucht nicht, sie zu analysieren oder sie zu verstehen. Welche Gewalt wird wie genannt, und welche Effekte haben Interventionen in die Zusammenhänge der Konflikte?

Die Politik der Intervention, ob sie nun aus Interessen oder humanitären Motiven gespeist ist, hat ja nicht nur große normative Fragen aufgeworfen, sondern auch praktisch-politische Dilemmata zum Vorschein gebracht, die mit mangelnden Kenntnissen der Interventen und mit mangelndem Wissen über die Effekte der Gewalt zusammenhängen. Eine genauere und aufmerksamere Auseinandersetzung mit den beobachteten Gewaltphänomenen könnte wahrscheinlich viele dieser Probleme vermeiden helfen.

Ein zweiter Einwand der empirischen Gewaltforschung würde auf alte Einsichten zurückgreifen: Starke soziale Ungleichheit und rascher sozialer Wandel begünstigen den Rückgriff auf Gewalt in sozialen Konflikten. Gewaltsame Interventionen in gewaltsame Konflikte ändern an diesen treibenden Kräften der Konflikte nichts, sondern vergrößern nur die Legitimitätsprobleme der angestrebten Gewaltordnungen. An den Versuchen des »state-building« in Afghanistan, Irak oder Somalia lässt sich das erkennen.

Der dritte Hinweis, der sich aus der empirischen Gewaltforschung und auch aus der Perspektive dieser Einführung ableiten lässt, betrifft die Terminologie und die Redeweisen der internationalen Politik wie der weithin westlich geprägten Redeweisen: In die Sprache, mit der über Gewaltphänomene kommuniziert wird, hat sich die Perspektive der vermeintlich gewaltarmen oder gar gewaltfreien westlichen Moderne tief eingesenkt.

Damit sind wir bei der dritten in der Einführung dieses Bandes angesprochenen Variante des Gewaltproblems, der begrifflichen: Gewalt als Gewalt verschwindet, wenn sie staatlich oder staatlich sanktioniert ist. Dies lässt sich sowohl für die Gewalt innerhalb von Staaten als auch für die Beschäftigung mit zwischenstaatlicher Gewalt beobachten. Blickt man auf die innerstaatlichen Verhältnisse, so wird absichtliches Verletzungshandeln bei Polizeieinsätzen, in Gefängnissen und Todeszellen, in Psychiatrien und bis vor nicht allzu langer Zeit auch noch in Schulen regelmäßig nicht mit dem Begriff der Gewalt belegt – es sei denn, der Beobachter spricht in kritischer Absicht –, sondern es geht dann um Schutz oder die Aufrechterhaltung von Recht und Ordnung, um Prävention, Disziplin oder Erziehung. In der internationalen Politik gilt dasselbe für all jene Formen der Gewalt, die von sich behaupten, im Dienste höherer Ziele zu intervenieren, von den gerechten Kriegen des Mittelalters über den Kolonialismus bis zu den humanitären Interventionen der Gegenwart.

Mit dieser Einführung wollten wir zeigen, wie zentral die Auseinandersetzung mit Gewaltphänomenen und -fragen für die Sozialwissenschaften, aber auch für die öffentliche politische Diskussion ist. Unser Überblick sollte deutlich gemacht haben, dass Theorien der Gewalt in erster Linie Indikatoren jeweiliger gesellschaftlicher und politischer Problemlagen sind. Die Kenntnis dieser Theorien und ihrer historischen Zusammenhänge erlaubt uns, so glauben wir, ein besseres Verständnis unserer Gegenwart und der uns vorgelegten Argumente, weil wir ihren Ursprung und ihre Bezüge besser erkennen, ebenso wie ihre Voraussetzungen. Von den zeittypischen Beschränktheiten, die wir älteren Gewalttheorien ansehen, werden unsere eigenen Auffassungen im Rückblick auch nicht frei sein.

Danksagung

Für wertvolle Kommentare zu einer früheren Fassung des Manuskripts danken wir Katharina Inhetveen, Universität der Bundeswehr München, und Martin Nonhoff, Universität Bremen.

Anhang

Anmerkungen

1 Für einen kritischen Überblick hierzu siehe Becker et al. 2008; für den Versuch einer Synthese siehe Wahl 2009.
2 Sozialtheorien verstehen wir mit Hans Joas und Wolfgang Knöbl als ein postdisziplinäres Konzept, das auf Theorien sozialen Handelns, sozialer Ordnung und sozialen Wandels im weitesten Sinne verweist und dabei nicht nur soziologische Überlegungen, sondern relevante Theorieproduktion aus allen Geistes- und Sozialwissenschaften einschließt (vgl. Joas/Knöbl 2004)
3 Hier sei auf einschlägige einführende Literatur verwiesen. Siehe beispielsweise für den Krieg Münkler 2002, für den Terrorismus Waldmann 2005, für Revolutionen Skocpol 1979 und Grosser 2013, für Vergewaltigungen Heberle/Grace 2010.
4 Für weitere Überblicke zur Gewaltforschung siehe auch Trotha 1997a, Heitmeyer/Hagan 2002, Scheper-Hughes/Bourgois 2003.
5 Weil im menschlichen Leben die Dimensionen des *Sein* und des *Haben* auf vielfältige Weise ineinandergreifen – sei es, weil wir durch die Arbeit unserer Körper (Sein) Artefakte hervorbringen, die wir dann besitzen (Haben), oder weil bestimmte soziale Normen dazu führen, dass das, was wir besitzen, darüber entscheidet, wer wir sozial sind –, können auch Angriffe auf die den Menschen vital umgebenden Objekte als Gewalt im hier definierten Sinn gedeutet werden.
6 Zu diesen Phänomenen siehe beispielsweise Elias (1976b: 263-83), Pinker 2011a, b oder Inhetveen 1997.
7 Treffend diskutiert der Philosoph Peter Gay die Entwicklung der Wissenschaften im 18./19. Jahrhundert deshalb unter der Überschrift *The Science of Freedom* (Gay 1973).
8 Anders als es heute oft scheint, waren die Vordenker des Liberalismus keineswegs »Ökonomen«. Vielmehr verstanden sie sich als Gesellschaftstheoretiker im umfassenden Sinne, vor allem auch als Moralphilosophen.

9 Allerdings handelte es sich von Beginn an um ein januskópfiges Projekt, in dem christlich-humanitäre Impulse und militärstrategische Kalküle sich mischten. Denn dass das Projekt des ICRC tatsächlich Fahrt aufnahm, ist vor allem darauf zurückzuführen, dass Militärführungen und Regierungen den Wert einer organisierten Sofortversorgung ihrer verwundeten Soldaten erkannten.

10 Die ersten rechtsverbindlichen Konventionen über bürgerliche und politische Rechte wurden 1966 verabschiedet und traten zehn Jahre später in Kraft.

11 Siehe beispielsweise Miller und Soeffner 1996; Hassner 1999. Zur Entwicklung des Kriegsgeschehens nach 1945 vgl. die Daten und Beschreibungen der »Arbeitsgemeinschaft Kriegsursachenforschung« an der Universität Hamburg (www.akuf.de). Zur Interpretation des Kriegsgeschehens im gleichen Zeitraum vgl. Jung et al. 2003.

12 Auf Deutsch veröffentlicht unter dem Titel *Gewalt. Eine neue Geschichte der Menschheit* (Pinker 2011).

13 Die ausführlichste Darstellung der semantischen Geschichte des Wortes Gewalt im Deutschen findet sich in den *Geschichtlichen Grundbegriffen* im Artikel »Macht/Gewalt« von Faber et al. (1982).

14 Neben diesen Begiffen, die der Gewalt gleichsam nahestehen, gibt es jedoch auch Gegenbegriffe im engeren Sinne. Der Frieden ist sicher der prominenteste. Die Gewaltfreiheit als ein weiterer Gegenbegriff ist die große Idee der in sich sehr vielfältigen Lehre des Pazifismus, die zugleich von vielen Sozialwissenschaftlern angezweifelt wird. Für die meisten Sozialwissenschaftler ist der Begriff des Friedens indes von so starkem normativen Gehalt, dass sie ihn nicht benutzen. Eine Ausnahme bildet hier die Friedensforschung (vgl. Senghaas 2004, Jahn 2012, Schlotter/Wisotzky 2010). Als Kernbegriff der politischen Sprache ist er wie Demokratie oder Fortschritt einer der zentralen »Erwartungsbegiffe«, wie Reinhart Koselleck sie genannt hat. An ihn sind deshalb so starke normative Erwartungen gebunden, dass wir ihn in diesem Band nur am Rande diskutieren können (vgl. 3.3).

15 Wichtige frühe Bezugspunkte waren hier beispielsweise Walter Cannons Konzept des »*fight-or-flight*« (Cannon 1953) sowie die an Sigmund Freud anknüpfende Arbeit von Konrad Lorenz zum »Aggressions-Instinkt« (Lorenz 1963).

16 Als eine normative Theorie will Weber seine (Herrschafts-)Soziologie und seine Soziologie eigentlich nicht verstanden wissen. Im Gegenteil, die Wissenschaft habe sich darum zu bemühen, Tatsachenfeststellung und die Bewertung dieser Tatsachen möglichst genau zu trennen. Wo normative Wertungen vorgenommen würden, sei dies immer genau zu kennzeichnen (1988a: 498). Webers Blick auf die Gewalt und auf Formen politischer Organisation beansprucht also vor allem, soziologisch realistisch zu sein und Politik, welcher Art auch immer, nicht zu idealisieren.

17 Max Webers Theorie des Staates und der Formen politischer Herrschaft lassen sich also durchaus auch in Richtung einer politischen Soziologie der internationalen Politik weiterdenken. Grundlegend für die Diskussion um das Verhältnis von politischer Ordnung als einer Ordnung der Gewalt ist aber Webers Herrschaftssoziologie (vgl. dazu Abschnitt 4.2 dieses Bandes und Anter 2012, Kap. 3).

18 Bodin ist zugleich ein Autor, an dem sich die feministische Kritik der traditionellen Staatstheorie deutlich machen lässt. Denn Frauen sind in diesen Theorien zwar nicht rechtlos, aber sie »haben keine Gewalt«. Das patriarchalische Modell, von dem Bodin wie Kant, Locke oder Hobbes ausgehen, macht die Frauen zu Schutzobjekten männlicher Herrschaft, auf den Thron gehören sie Bodin zufolge nicht (vgl. Opitz-Belakhal 2006: 42 ff.).

19 Zu den Strömungen der Hobbes-Interpretation vgl. Voigt 2000 und Münkler 1993.

20 Unklar ist, ob der politische Gegner der bürgerlichen Politikauffassung, der absolutistische Herrscher, nicht eine Chimäre war. In allen europäischen Staaten, so hat die historische Forschung mittlerweile gezeigt, ist die Macht vielfach geteilt geblieben, den »absoluten Leviathan« hat es in der Frühen Neuzeit nie gegeben (vgl. z. B. Koschorke et al. 2007; von Friedeburg 2001).

21 Grundlegend sind aber die Arbeiten von Mandt (1974) und Löwenthal (1984). Zur jüngeren Diskussion vgl. Roth/Ladwig (2006).

22 Zur Geschichte des politischen Denkens über den Krieg vgl. Münkler 2002 und Kondylis 1988.

23 Alex Bellamy (2006) fasst diese Entwicklung mit Bezug auf aktuelle Phänomene wie die Terrorismusabwehr oder die »humanitären Interventionen« zusammen, und Kinsella/Carr (2007) haben einen um-

fänglichen Reader zur Moraltheorie des Krieges vorgelegt, der theoretische Texte und Auszüge aus dem Völkerrecht enthält.

24 Hertz formulierte seine Position indes später (1984) um und nannte sie »realistischen Idealismus«. Damit markierte er eine gewisse Rückkehr zu seinen früheren liberalen und optimistischeren Positionen.

25 Das geht so weit, dass das nationalistische Denken sich selbst als eine den Krieg normativ begründende Theorie geriert: In Erich Ludendorffs Vorstellung des »totalen Kriegs« von 1935 geht es im Krieg um die »Lebenserhaltung des Volkes«, der Krieg sei »die höchste Äußerung völkischen Lebenswillens« (Ludendorff 1980: 518).

26 Zur Entwicklung der europäischen Friedensidee vgl. von Raumer (1953) und Janssen (1975).

27 Bisher vielleicht am deutlichsten ausgearbeitet ist diese mögliche fruchtbare Verbindung im Band *Vertrauen und Gewalt. Versuch über eine besondere Konstellation der Moderne* von Jan Philipp Reemtsma, auf den wir in den Abschnitten 4.1 und 4.2 näher eingehen werden.

28 Der Band *Phänomene der Macht* entstand über einen Zeitraum von mehr als zwanzig Jahren. Eine erste Fassung wurde 1986 veröffentlicht und baute zum Teil auf Überlegungen aus einer 1968 veröffentlichten Arbeit auf. Bei der hier zitierten Ausgabe von 1992 handelt es sich um eine substanziell erweiterte Fassung. Neben zusätzlichen Ausführungen enthält sie auch ein Kapitel, das die an verschiedenen Gegenständen entwickelten machttheoretischen Überlegungen Popitz' synthetisiert.

29 Die anderen Formen sind »instrumentelle Macht«, die sich auf Erwartungen, »autoritative Macht«, die sich auf (normative) Maßstäbe, und »datensetzende Macht«, die sich auf Artefakte bezieht. Seine Definition der Macht als Vermögen, sich gegen jemanden oder etwas durchzusetzen, aufnehmend, resümiert Popitz: »Menschen können anderen Menschen *unmittelbar etwas antun*; sie können darüber hinaus *Erwartungen*, *Maßstäbe* und *Artefakte* für andere bestimmend verändern.« (Popitz 1992: 33, Hervorhebung im Original)

30 Der Bezug von Arendts politischer Theorie zur Phänomenologie, den die Autorin selbst explizit nicht herstellt, ergibt sich durch die zentrale Stellung des Welt-Begriffs in ihrem Werk (vgl. hierzu Held 2010).

31 Der Begriff der Phänomenologie verweist hier nicht auf die gleichnamige philosophische Tradition, sondern in einem breiten Verständ-

nis auf eine Perspektive, die die Erscheinungsform der Gegenstände (und nicht vorausgesetzte Normen oder Ideale) zur Grundlage der Analyse macht. Die Protagonisten des Ansatzes verwenden den Begriff selbst zunächst nicht. Bedeutung gewinnt der Begriff erst in den jüngeren Arbeiten Jan Philipp Reemtsmas (2006, 2008).

32 Zentrale Impulse für die Entwicklung einer Sozialtheorie des Körpers gingen von den *Diversity Studies* im weiteren Sinne aus (klassisch Butler 1993). Inzwischen nimmt auch eine Soziologie des Körpers Gestalt an (beispielsweise Keller/Meuser 2011, Schroer 2005)

33 Ohne Vorbild ist dieser Stil freilich nicht. Er erinnert beispielsweise an die frühen Arbeiten zu Massephänomenen, insbesondere an Elias Canettis *Masse und Macht* (1960).

34 Eine erste Fassung der Grundüberlegungen findet sich in Reemtsma 2006.

35 Reemtsma weist darauf hin, dass »instrumentelle Gewalt« fester Bestandteil des Begriffsrepertoires der Gewaltursachenforschung ist, zu der seine Arbeit einen Kontrapunkt setzen will. Darüber hinaus hebt er hervor, dass der Begriff des Instrumentellen den Blick zu sehr verengt, da Menschen nie nur instrumentell agieren und jedem Handeln auch existenzielle und kommunikative Aspekte eingeschrieben sind (Reemtsma 2008: 107).

36 Leider lässt Reemtsma ungeklärt, welche anderen Formen der Gewalt jenseits sexualisierter Gewalt ebenfalls dem Typus des Raptiven zuzuschreiben wären.

37 Wie fruchtbar dies sein kann, wird beispielsweise in der jüngst von Vincenz Leuschner vorgelegten Arbeit zu *school shootings* und sogenanntem *lone wolf terrorism* deutlich. Deren Ausgangspunkt ist die Beobachtung, dass diese beiden Phänomene trotz unübersehbarer Gemeinsamkeiten, was die empirische Dynamik im Vorfeld, während und nach der Tat betrifft, wissenschaftlich nicht nur unter verschiedenen Stichworten, sondern auch von verschiedenen (Teil-)Disziplinen bearbeitet werden, was dem besseren Verständnis nicht zuträglich ist. Der Autor schlägt vor, solche und ähnliche Dynamiken im Begriff der »exzessiven individuellen Gewalt« zusammenzufassen (Leuschner 2013).

38 Für eine deutsche Einführung in die Theorie rationaler Entscheidungen siehe Esser 1999, für einen Überblick siehe Joas/Knöbl 2004: 143-82.

39 Bereits ein halbes Jahrhundert vor Collins hatte Elias Canetti in *Masse und Macht* die Frage nach den Möglichkeiten und Mustern der situativen Überwindung prinzipieller Gewaltaversion gestellt. Auch in seiner Arbeit spielte das emotionale Feld der Akteure der Interaktion eine zentrale Rolle, wofür in seinem Werk der Begriff der »Masse« steht (Canetti 1960). Unter dem Stichwort »nicht-organisierte kollektive Gewalt« wurde dieses Problem in jüngerer Zeit von Axel T. Paul und Benjamin Schwalb (2015) aufgegriffen.

40 Diese Fragestellung beschäftigt beispielsweise die Klassiker des Pragmatismus und der Phänomenologie.

41 Für eine Diskussion der Wechselwirkung von Subjektstrukturen und extremen Formen der Gewalt siehe Trotha/Rösel 2011.

42 Elias betont, dass er den Begriff der Zivilisierung als analytisches Konzept verwendet, das einen Prozess beschreibt, und damit kein Werturteil über die in Rede stehenden sozialen Strukturen verbindet (Elias 1976a: XXIII-XXIV).

43 Vgl. Bourke 2007, 2010, Heberle/Grace 2010, Grace 2012, Cahill 2001, Graham 2006.

44 Zur Genealogie des humanitären Denkens vgl. Barnett 2011 und Fassin 2012.

Literatur

Anter, Andreas. 2012. *Theorien der Macht zur Einführung*. Hamburg: Junius.

Arendt, Hannah. 1970. *Macht und Gewalt*. München: Piper.

Baecker, Dirk. 1996. »Gewalt im System«. In: *Soziale Welt* 47: 1. 92-109.

Bakunin, Michail. 1969. *Gott und der Staat und andere Schriften*. Reinbek: Rowohlt.

Bauman, Zygmunt. 1993 [1989]. *Modernity and the Holocaust*. Ithaca, NY: Cornell University Press.

Bellamy, Alex J. 2006. *Just Wars. From Cicero to Iraq*. London: Polity Press.

Benjamin, Walter. 1965. *Zur Kritik der Gewalt und andere Aufsätze. Mit einem Nachwort von Herbert Marcuse*. Frankfurt/Main: Suhrkamp.

Bliesemann, Berit/Kühn, Florian. 2011. »The International Community Needs to Act': Loose use and empty signalling of a hackneyed concept«. In: *International Peacekeeping* 18:2. 135-151.

Bodin, Jean. 1983. *Sechs Bücher über den Staat* (zuerst 1576). München: Beck.

Bourdieu, Pierre/Passeron, Jean-Claude. 1973. *Grundlagen einer Theorie der symbolischen Gewalt*. Frankfurt/Main: Suhrkamp.

Bourdieu, Pierre/Wacquant, Loïc J. D. 1996. *Reflexive Anthropologie*. Frankfurt/Main: Suhrkamp.

Bourke, Joanna. 1999. *An intimate history of killing. Face-to-face killing in twentieth century warfare*. London: Granta Books.

Bourke, Joanna. 2007. *Rape. A history from 1860 to the present day*. London: Virago Press.

Bourke, Joanna. 2010. »Foreword«. In: *Theorizing Sexual Violence*, Hg. v. J. Heberle Renée und Grace Victoria. New York, NY: Routledge.

Breuer, Stefan. 2012. *Carl Schmitt im Kontext. Intellektuellenpolitik in der Weimarer Republik*. Berlin: Akademie Verlag.

Browning, Christopher R. 1992. *Ordinary men. Reserve Police Battalion 101 and the final solution in Poland*, New York: Harper Collins.

Bultmann, Daniel. 2014. »Analyzing the Cambodian insurgency as a social field«. In: *Small Wars & Insurgencies* 25: 2. 457-478.
Bultmann, Daniel. 2015. *Inside Cambodian Insurgency. A Sociological Perspective on Civil Wars and Conflict*, Farnham: Ashgate.
Buss, David M. 2007. *Der Mörder in uns. Warum wir zum Töten programmiert sind.* München: Spektrum.
Butler, Judith. 1990. *Gender trouble. Feminism and the subversion of identity.* New York, NY [et al.]: Routledge.
Butler, Judith. 1993. *Bodies That Matter. On the discursive limits of ›sex‹.* New York, NY: Routledge.
Cahill, Ann J. 2001. *Rethinking rape.* Ithaca [et al.]: Cornell University Press.
Canetti, Elias. 1960. *Masse und Macht.* München/Wien: Hanser.
Cannon, Walter B. 1953 [1915]. *Bodily Changes in Pain, Hunger, Fear and Rage. An account of recent researches into the function of emotional excitement.* Boston, Mass.: Branford.
Che Guevara, Ernesto. 1968. *Bolivianisches Tagebuch.* München: Trikont.
Chesnais, Jean-Claude. 1981. *Histoire de la violence.* Paris: Pluriel.
Clausewitz, Carl von. 2000 [1832]. *Vom Kriege.* Reinbek: Rowohlt.
Collins, Randall. 2005. *Interaction Ritual Chains.* Princeton, NJ [et al.]: Princeton University Press.
Collins, Randall. 2008. *Violence. A micro-sociological theory.* Princeton, NJ: Princeton University Press.
Colliot-Thélène, Catherine 2011. *Demokratie ohne Volk.* Hamburg: Hamburger Edition.
Cortright, David. 2008. *Peace. A history of movements and ideas.* Cambridge/New York, NY: Cambridge University Press.
Desmons, Éric. 2011. »Résistance«. In: *Dictionnaire de la violence.* Hg. v. Michela Marzano. Paris: Presses Universitaires de France. 1132-7.
Duerr, Hans Peter. 1988 ff. *Der Mythos vom Zivilisationsprozeß*, 5 Bde. Frankfurt/Main: Suhrkamp.
Ebert, Theodor. 1980. *Gewaltfreier Aufstand. Alternative zum Bürgerkrieg.* Waldkirch: Waldkircher Verlagsgesellschaft.
Eisner, Manuel. 2001. »Modernization, Self-Control and Lethal Violence. The long-term dynamics of european homicide rates in theoretical perspective«. In: *British Journal of Criminology* 41:4. 618-38

Eisner, Manuel. 2011. »Killing Kings. Patterns of regicide in Europe, AD 600–1800«. In: *British Journal of Criminology* 51:3. 556-77.

Elias, Norbert. 1976a. *Über den Prozeß der Zivilisation. Soziogenetische und psychogenetische Untersuchungen. Erster Band. Wandlungen des Verhaltens in den weltlichen Oberschichten des Abendlandes*. Frankfurt/Main: Suhrkamp.

Elias, Norbert. 1976b. *Über den Prozeß der Zivilisation. Soziogenetische und psychogenetische Untersuchungen. Zweiter Band. Wandlungen der Gesellschaft. Entwurf einer Theorie der Zivilisation*. Frankfurt/Main: Suhrkamp.

Elsenhans, Hartmut 1981. *Abhängiger Kapitalismus und bürokratische Entwicklungsgesellschaft*. Frankfurt/Main: Campus.

Elwert, Georg. 1997. »Gewaltmärkte. Beobachtungen zur Zweckrationalität von Gewalt« In: *Soziologie der Gewalt*. Hg. v. Trutz von Trotha. Opladen: Westdeutscher Verlag. 86-101.

Engels, Friedrich. 1985 [1877/78]. *Herrn Eugen Dührings Umwälzung der Wissenschaft (»Anti-Dühring«)*. Berlin: Dietz.

Esser, Hartmut. 1999. *Soziologie – spezielle Grundlagen. Band 1: Situationslogik und Handeln*. Frankfurt/Main [et al.]: Campus.

Faber, Karl Georg/Ilting, Karl-Heinz/Meier, Christian. 1982. »Macht/Gewalt«. In: *Geschichtliche Grundbegriffe*. Hg. v. Otto Brunner, Werner Conze und Reinhart Koselleck. Bd. 3. 817-935.

Fanon, Frantz. 1986 [1952]. *Schwarze Haut, weiße Masken*. Frankfurt/Main: Suhrkamp.

Fanon, Frantz. 1966 [1961]. *Die Verdammten dieser Erde. Mit einem Vorwort von Jean-Paul Sartre*. Frankfurt/Main: Suhrkamp.

Fassin, Didier. 2011. *Humanitarian Reason*, Berkeley, Cal.: University of California Press.

Ferrell, Claudine L. 2006. *The Abolitionist Movement*. Westport, Conn. [et al.]: Greenwood Press.

Fischer, Joschka. 2003. »Heilsamer Schock« – Interview mit Außenminister Joschka Fischer. In: *Der Spiegel*, Nr. 52 (online).

Foucault, Michel. 1992 [1975]. *Überwachen und Strafen. Die Geburt des Gefängnisses*. Frankfurt/Main: Suhrkamp.

Foucault, Michel. 2005. »Nr. 297 Die Maschen der Macht«. In: *Dits et Ecrits, Schriften, Band IV, 1980-88*. Frankfurt/Main: Suhrkamp. 233.

Friedeburg, Robert von. 2001. »Widerstandsrecht im Europa der Frühen Neuzeit. Forschungsgegenstand und Forschungsperspektiven«. In: Ders.

(Hg.). *Widerstandsrecht in der Frühen Neuzeit.* Berlin: Duncker & Humblot. 11-59.
Gandhi, Mohandas K. 1977 [1940]. *Die Geschichte meiner Experimente mit der Wahrheit.* Gladenbach: Hinder + Deelmann.
Gay, Peter. 1973. *The enlightenment. An interpretation. Part 2. The science of freedom.* London: Wildwood House.
Geertz, Clifford. 1973. »Thick description. Toward an interpretive theory of culture«. In: *The interpretation of cultures. Selected Essays*, New York: Basic Books. 3-30.
Gerstenberger, Heide. 1990. *Die subjektlose Gewalt. Theorie zur Entstehung bürgerlicher Staatsgewalt.* Münster: Westfälisches Dampfboot.
Giddens, Anthony. 1987. *The Nation-State and Violence.* Berkeley, Cal.: University of California Press.
Girard, René. 1992 [1972]. *Das Heilige und die Gewalt.* Frankfurt/Main: Fischer.
Grace, Victoria. 2012. *Victims, Gender and Jouissance.* New York, NY: Routledge.
Graham, Ruth. 2006. »Male Rape and the Careful Construction of the Male Victim«. In: *Social & Legal Studies* 15:2, 187-208.
Grolle, Johann/Leick, Romain. 2011. »›Dämonen und Engel‹. Der in Harvard lehrende Psychologe Steven Pinker untersucht in einer großen Studie die Entwicklung von Gewalt und die Bedingungen ihres Rückgangs in der Geschichte der Zivilisation«. In: *Der Spiegel*, Nr. 42. 152-55.
Grosser, Florian. 2013. *Theorien der Revolution zur Einführung.* Hamburg: Junius.
Grossman, Dave. 1996. *On killing. The psychological cost of learning to kill in war and society.* Boston, Mass.: Little, Brown.
Guérin, Daniel. 1967. *Anarchismus. Begriff und Praxis.* Frankfurt/Main: Suhrkamp.
Hahn, Alois. 2010. *Körper und Gedächtnis.* Wiesbaden: VS Verlag.
Hanser, Peter/von Trotha, Trutz. 2002. *Ordnungsformen der Gewalt. Reflexionen über die Grenzen von Recht und Staat an einem einsamen Ort in Papua-Neuguinea.* Köln: Köppe.
Hassner, Pierre. 1999. »Le barbare et le bourgeois«. In: *Politique Internationale* 84. 81-98.
Heberle, Renée J./Grace, Victoria. 2010. »Introduction. Theorizing Sexual Violence. Subjectivity and Politics in Late Modernity«. In: *Theo-*

rizing Sexual Violence. Hg. v. Renée J. Heberle und Victoria Grace. New York, NY: Routledge.

Heitmeyer, Wilhelm/Hagan, John (Hgg.) 2002. *Internationales Handbuch der Gewaltforschung*. Opladen: Westdeutscher Verlag.

Held, Klaus. 2010. *Phänomenologie der politischen Welt*. Frankfurt/Main [et al.]: Peter Lang.

Heller, Hermann. 1983. *Staatslehre*. In der Bearbeitung von G. Niemeyer. 6. Aufl. Tübingen: Mohr.

Hertz, John. 1959. *International Politics in the Atomic Age*. New York, NY: Columbia University Press.

Hertz, John. 1984. *Vom Überleben. Wie ein Weltbild entstand*. Düsseldorf: Droste.

Hirsch, Alfred. 2004. *Recht auf Gewalt? Spuren philosophischer Gewaltrechtfertigung nach Hobbes*. München: Fink.

Hirsch, Joachim. 2005. *Materialistische Staatstheorie. Transformationsprozesse des kapitalitischen Staatssystems*. Hamburg: VSA.

Hobbes, Thomas. 1984. *Leviathan, oder Stoff, Form und Gewalt eines kirchlichen und bürgerlichen Staates* (zuerst 1651). Frankfurt/Main: Suhrkamp.

Hobson, John. 1902. *Imperialism. A study*, London: J. Pott.

Hochschild, Adam. 2000. *Schatten über dem Kongo. Die Geschichte eines der großen, fast vergessenen Menschheitsverbrechens*. Stuttgart: Klett-Cotta.

Hoebel, Thomas/Knöbl, Wolfgang. 2019. *Gewalt erklären! Plädoyer für eine entdeckende Prozesssoziologie*, Hamburg: Hamburger Edition.

Hoebel, Thomas/Malthaner, Stefan (Hgg.). 2019. *Im Brennglas der Situation. Neue Ansätze in der Gewaltsoziologie*. Bd. 28 (1-2).

Horkheimer, Max/Adorno, Theodor W. 1981. *Dialektik der Aufklärung. Philosophische Fragmente*. Frankfurt/Main: Suhrkamp.

Imbusch, Peter. 2002. »Der Gewaltbegriff«. In: *Internationales Handbuch der Gewaltforschung*. Hgg. v. Wolfgang Heitmeyer und John Hagan. Wiesbaden: Westdeutscher Verlag. 26-56.

Inhetveen, Katharina. 1997. »Gesellige Gewalt. Ritual, Spiel und Vergemeinschaftung bei Hardcorekonzerten«. In: *Soziologie der Gewalt*. Hg. v. Trutz von Trotha. Opladen: Westdeutscher Verlag. 235-60.

Inhetveen, Katharina. 2010. *Die politische Ordnung des Flüchtlingslagers. Akteure – Macht – Organisation. Eine Ethnographie im südlichen Afrika*. Bielefeld: transcript.

Jahn, Eckbert. 2012. *Frieden und Konflikt*. Wiesbaden: VS.

Janssen, Wilhelm. 1975. »Friede«. In: *Geschichtliche Grundbegriffe. Band 2.* Hgg. v. Otto Brunner, Werner Conze und Reinhart Koselleck. Stuttgart: Klett-Cotta, 543-591.

Jellinek, Georg. 1900. *Allgemeine Staatslehre.* Berlin: Häring.

Joas, Hans/Knöbl, Wolfgang. 2008. *Kriegsverdrängung. Ein Problem in der Geschichte der Sozialtheorie.* Frankfurt/Main: Suhrkamp.

Joas, Hans/Knöbl, Wolfgang. 2004. *Sozialtheorien. Zwanzig einführende Vorlesungen.* Frankfurt/Main: Suhrkamp.

Joas, Hans. 1997. *Die Entstehung der Werte.* Frankfurt/Main: Suhrkamp.

Jung, Dietrich/Schlichte, Klaus/Siegelberg, Jens. 2003. *Kriege in der Weltgesellschaft. Strukturgeschichtliche Erklärung kriegerischer Gewalt, 1945-2000.* Wiesbaden: Westdeutscher Verlag.

Kalyvas, Stathis N. 2006. *The Logic of Violence in Civil War.* Cambridge: Cambridge University Press.

Kalyvas, Stathis N. 2008. »Promises and Pitfalls of an Emerging Research program. The microdynamics of civil war« In: *Order, conflict, and violence.* Hgg. v. Stathis N. Kalyvas, Ian Shapiro und Tarek Masoud. Cambridge: Cambridge University Press. 397-421.

Kant, Immanuel. 1922. »Beantwortung der Frage. Was ist Aufklärung?« In: *Immanuel Kants Werke.* Hgg. von Dr. Arthur Buchenau und Dr. Ernst Cassirer. Band 4. Schriften von 1783-1788. Berlin: Bruno Cassirer. 167-76.

Kant, Immanuel. 1986 [1797]. *Metaphysische Anfangsgründe der Rechtslehre, Metaphysik der Sitten, Erster Teil.* Hamburg: Meiner.

Keller, Reiner/Meuser, Michael (Hgg.). 2011. *Körperwissen.* Wiesbaden: VS.

Kersting, Wolfgang 1991. »Eigentum, Vertrag und Staat bei Kant und Locke«. In: Martyn P. Thompson (Hg.). *John Locke und Immanuel Kant. Historische Rezeption und gegenwärtige Relevanz.* Berlin: Duncker & Humblot.

Kinsella, David/Carr, Craig L. (Hgg.). 2004. *The Morality of War. A reader.* London: Lynne Rienner.

Koloma Beck, Teresa/Schlichte, Klaus. 2007. »Natur und Zivilisation im Habitus des Kriegers«. In: *Die Natur der Gesellschaft. 33. Kongress der Deutschen Gesellschaft für Soziologie, Kassel 2006.* Hg. v. Karl-Siegbert Rehberg. Frankfurt/Main: Campus. 768-75.

Koloma Beck, Teresa. 2011. »The Eye of the Beholder. Violence as a social process«. In: *International Journal of Conflict and Violence* 5:2. 346-56.

Koloma Beck, Teresa. 2012. *The Normality of Civil War. Armed groups and everyday life in Angola.* Frankfurt/Main/New York, NY: Campus.

Koloma Beck, Teresa. 2013. »Forgetting the Embodied Past. Body memory in Transitional Justice«. In: *Transitional Justice Theories.* Hgg. v. Susanne Buckley-Zistel, Christian Braun, Teresa Koloma Beck und Friederike Mieth. London: Routledge. 184-200.

Kondylis, Panajotis. 1988. *Theorie des Krieges. Clausewitz - Marx - Engels - Lenin.* Stuttgart: Klett-Cotta.

Koschorke, Albrecht/Lüdemann, Susanne/Frank, Thomas/de Mazza, Ethel Matala. 2007. *Der fiktive Staat. Konstruktionen des politischen Körpers in der Geschichte Europas.* Frankfurt/Main: Fischer.

Kühl, Stefan. 2014. *Ganz normale Organisationen. Zur Soziologie des Holocaust.* Berlin: Suhrkamp.

Lenin, Wladimir Iljitsch. 1970 [1918]. »Staat und Revolution«. In: Ders. *Ausgewählte Werke, Bd. II.* Berlin: Dietz. 315-430.

Leuschner, Vincenz. 2013. »Exzessive individuelle Gewalt. ›School Shootings‹ und ›Lone Wolf Terrorism‹ als soziale Phänomene«. In: *Berliner Journal für Soziologie* 23:1. 27-49.

Lia, Brynjar/Skjølberg, Katja. 2004. »Warum es zu Terrorismus kommt. Ein Überblick über Theorien und Hypothesen zu den Ursachen des Terrorismus«. In: *Journal of Conflict and Violence Research* 6:1. 121-63.

Lindemann, Gesa. 2014. *Weltzugänge. Die mehrdimensionale Ordnung des Sozialen.* Weilerswist: Velbrück.

Lindemann, Gesa. 2017. »Verfahrensordnungen der Gewalt«. In: *Zeitschrift für Rechtssoziologie* 37:1. 57-87.

Lloyd, Moya. 2007. *Judith Butler. From norms to politics.* Cambridge [et al.]: Polity Press.

Locke, John. 1977. *Zwei Abhandlungen über die Regierung.* Hg. v. W. Euchner. Frankfurt/Main: Suhrkamp.

Löwenthal, Richard. 1984. *Widerstand und Verweigerung in Deutschland.* Berlin: Dietz.

Lorenz, Konrad. 1963. *Das sogenannte Böse. Zur Naturgeschichte der Aggression.* Wien: Borotha-Schoeler.

Ludendorff, Erich. 1980. »Das Wesen des totalen Krieges«. In: *Clausewitz in Perspektive*. Hg. v. Günther Dill. Frankfurt/Main/Berlin/Wien: Ullstein. 511-519.

Mackert, Jürgen. 2013. »Gewalt in Ordnungskonflikten als Problem der erklärenden Soziologie«. In: *Berliner Journal für Soziologie* 23:1. 91-113.

Macpherson, Crawford B. 1973. *Die politische Theorie des Besitzindividualismus*. Frankfurt/Main: Suhrkamp.

Mandt, Hella. 1974. *Tyrannislehre und Widerstandsrecht*, Neuwied: Luchterhand.

Mann, Michael. 1986. *The Sources of Social Power. Volume I. A history of power from the beginning to A.D. 1760*. Cambridge: Cambridge University Press.

Mann, Michael. 1987. »War and Social Theory. Into the battle with classes, nations and states« In: *The sociology of war and peace*. Hg. v. Colin Creighton und Martin Shaw. London: Macmillan. 55-56.

Mann, Michael. 1993. *The Sources of Social Power. Volume II. The rise of classes and nation-states, 1760-1914*. Cambridge: Cambridge University Press.

Mann, Michael. 2005. *The Dark Side of Democracy. Explaining ethnic cleansing*. Cambridge: Cambridge University Press.

Manow, Philipp. 2011. *Politische Ursprungsphantasien. Der Leviathan und sein Erbe*. Konstanz. Konstanz University Press.

Mao Tse-tung. 1966. »Strategische Fragen im Guerillakrieg gegen Japan« (zuerst 1938). In: Ders. *Theorie des Guerillakrieges oder Strategie der Dritten Welt*. Reinbek: Rowohlt. 103-132.

Marx, Karl/Engels, Friedrich. 1958. »Die deutsche Ideologie«. In: *Marx-Engels-Werke. Band 3*. Berlin: Dietz.

Marx, Karl. 1962. »Das Kapital. Kritik der politischen Ökonomie. Erster Band«. In: *Marx-Engels-Werke. Band 23*. Berlin: Dietz.

Marx, Karl. 1973 [1871]. »Der Bürgerkrieg in Frankreich«. In: *Marx-Engels-Werke. Band 17*. Berlin: Dietz.

Meuser, Michael. 2002. »›Doing masculinity‹. Zur Geschlechtslogik männlichen Gewalthandelns«. In: *Gewalt-Verhältnisse. Feministische Perspektiven auf Geschlecht und Gewalt*. Hgg. v. Regina-Maria Dackweiler und Reinhild Schäfer. Frankfurt/Main: Campus. 53-78.

Miller, Max/Soeffner, Hans-Georg (Hgg.). 1996. *Modernität und Barbarei. Soziologische Zeitdiagnosen am Ende des 20. Jahrhunderts*. Frankfurt/Main: Suhrkamp.

Mills, C. Wright. 1956. *The Power Elite*. New York, NY: Oxford University Press.

Montesquieu, Charles Louis de Secondat de. 1782. *Werk vom Geist der Gesetze. Nach der neuesten und vermehrten Auflage aus dem Französischen übersetzt und mit vielen Anmerkungen. Band 2*. Altenburg: Richter.

Morgenthau, Hans. 1954. *Politics among Nations. The struggle for power and peace*. New York: Knopf.

Mueller, John. 1990. *Retreat From Doomsday. The obsolescence of major war*. New York: Basic Books.

Münkler, Herfried. 1993. *Thomas Hobbes*. Frankfurt/Main: Campus.

Münkler, Herfried. 2002. *Über den Krieg. Stationen der Kriegsgeschichte im Spiegel ihrer theoretischen Reflexion*. Weilerswist: Velbrück.

Münkler, Herfried. 2007. »Widerstand«. In: *Kleines Lexikon der Politik*. Hgg. v. Dieter Nohlen und Florian Grotz. München: Beck. 636-40.

Neckel, Sighard/Schwab-Trapp, Michael (Hgg.). 1999. *Ordnungen der Gewalt. Beiträge zur politischen Soziologie der Gewalt und des Krieges*. Opladen: Leske + Budrich.

Nedelmann, Birgitta. 1997. »Gewaltsoziologie am Scheideweg. Die Auseinandersetzung in der gegenwärtigen und Wege der künftigen Gewaltforschung«. In: *Soziologie der Gewalt*. Hg. v. Trutz von Trotha. Opladen: Westdeutscher Verlag. 59-85.

Opitz-Belakhal, Claudia. 2006. *Das Universum des Jean Bodin. Staatsbildung, Macht und Geschlecht im 16. Jahrhundert*. Frankfurt/Main: Campus.

Papcke, Sven. 1973. *Progressive Gewalt. Studien zum sozialen Widerstandsrecht*. Frankfurt/Main: Fischer.

Paul, Axel T./Schwalb, Benjamin (Hgg.). 2015. *Gewaltmassen. Über Eigendynamik und Selbstorganisation kollektiver Gewalt*, Hamburg: Hamburger Edition.

Pinker, Steven. 2011a. *Gewalt. Eine neue Geschichte der Menschheit*. Frankfurt/Main: Fischer.

Pinker, Steven. 2011b. *The Better Angels of Our Nature. The decline of violence in history and its causes*. London [et al.]: Allen Lane.

Popitz, Heinrich. 1968. *Prozesse der Machtbildung*. Tübungen: Mohr.

Popitz, Heinrich. 1986. *Phänomene der Macht. Autorität. Herrschaft, Gewalt, Technik*. Tübingen: Mohr.

Popitz, Heinrich. 1992. *Phänomene der Macht. Autorität. Herrschaft, Gewalt, Technik*. Tübingen: Mohr.

Poulantzas, Nicos. 2002. *Staatstheorie. Politischer Überbau, Ideologie, autoritärer Etatismus*. Hamburg: VSA.

Raine, Adrian. 2013. *The Anatomy of Violence. The biological roots of crime*. New York [et al.]: Pantheon.

Raumer, Kurt von. 1953. *Ewiger Friede. Friedensrufe und Friedenspläne seit der Renaissance*. Freiburg: Karl Alber.

Reckwitz, Andreas/Schlichte, Klaus. 2013. »Subjekttheorie und politische Herrschaft in der internationalen Politik. Eine heuristische Skizze«. In: *Ordnung und Wandel in der Weltpolitik. Konturen einer Soziologie der Internationalen Beziehungen*. Hg. v. Stephan Stetter. Baden-Baden: Nomos. 107-24.

Reemtsma, Jan Philipp. 2006. »Die Natur der Gewalt als Problem der Soziologie«. In: *Mittelweg 36* 15:5. 2-25.

Reemtsma, Jan Philipp. 2008. *Vertrauen und Gewalt. Versuch über eine besondere Konstellation der Moderne*. Hamburg: Hamburger Edition.

Rinderle, Peter. 2005. *Der Zweifel des Anarchisten*. Frankfurt/Main: Klostermann.

Roth, Klaus/Ladwig, Bernd (Hg.). 2006. *Recht auf Widerstand? Ideengeschichtliche und philosophische Perspektiven*. Potsdam: Universitätsverlag Potsdam.

Rufin, Jean Christophe. 1996. *Das Reich und die neuen Barbaren*. Berlin: Volk und Welt.

Scarry, Elaine. 1985. *The Body in Pain. The making and unmaking of the world*. New York, NY [et al.]: Oxford University Press.

Scheper-Hughes, Nancy/Bourgois, Philippe. 2003. »Introduction. Making Sense of Violence«. In: Diess. (Hgg.). *Violence in War and Peace. An anthology*. London: Blackwell. 1-31.

Schlichte, Klaus. 2002. »Neues über den Krieg? Einige Anmerkungen über den Stand der Kriegsforschung in den Internationalen Beziehungen«. In: *Zeitschrift für Internationale Beziehungen* 9: 1. 113-137.

Schlichte, Klaus. 2009. *In the Shadow of Violence. The micropolitics of armed groups*. Frankfurt/Main [et al.]: Campus.

Schlichte, Klaus. 2010. »Das formierende Jahrhundert. Macht und Recht in der internationalen Politik des 19. Jahrhunderts«. In: Ulrich Lappenküper, Rainer Markowitz (Hgg.). *Macht und Recht – zum Verhältnis von Völkerrecht und Realpolitik in der Geschichte der internationalen Beziehungen*. Göttingen: Vandenhoeck & Ruprecht. 185-206.

Schlotter, Peter/Wisotzky, Simone (Hgg.). 2010. *Friedens- und Konfliktforschung*. Baden-Baden: Nomos.

Schmitt, Carl. 1926. *Die geistesgeschichtliche Lage des heutigen Parlamentarismus*. Berlin: Duncker & Humblot.

Schmitt, Carl. 1928. *Verfassungslehre*. Berlin: Duncker & Humblot.

Schmitt, Carl. 1963. *Theorie des Partisanen. Zwischenbemerkung zum Begriff des Politischen*. Berlin: Duncker & Humblot.

Schreiber, Wolfgang. 2001. »Die Kriege in der zweiten Hälfte des 20. Jahrhunderts und danach«. In: *Das Kriegsgeschehen 2000. Daten und Tendenzen der Kriege und bewaffneten Konflikte*. Hgg. v. Thomas Rabehl, Wolfgang Schreiber und Arbeitsgemeinschaft Kriegsursachenforschung (AKUF). Opladen: Leske + Budrich. 11-46.

Schroer, Markus (Hg.). 2005. *Soziologie des Körpers*. Frankfurt/Main: Suhrkamp.

Schumpeter, Joseph. 1919. *Soziologie der Imperialismen*. Tübingen: Mohr.

Senghaas, Dieter. 2004. *Zum irdischen Frieden. Erkenntnisse und Vermutungen*. Frankfurt/Main: Suhrkamp.

Shils, Edward A./Janowitz, Morris. 1948. »Cohesion and Disintegration in the Wehrmacht in World War II«. In: *The Public Opinion Quarterly* 12:2. 280-315.

Siegelberg, Jens. 1994. *Krieg und Kapitalismus. Eine Theorie des Krieges in der Weltgesellschaft*. Münster/Hamburg: Lit.

Skocpol, Theda. 1979. *States and Social Revolutions. A comparative analysis of France, Russia and China*. Cambridge: Cambridge University Press.

Sofsky, Wolfgang. 1993. *Die Ordnung des Terrors. Das Konzentrationslager*. Frankfurt/Main: Fischer.

Sofsky, Wolfgang. 1996. *Traktat über die Gewalt*. Frankfurt/Main: Fischer.

Sorel, Georges. 1969 [1908]: *Über die Gewalt*. Frankfurt/Main: Suhrkamp.

Spivak, Gayatri Chakravorty. 1988. »Can the subaltern speak?« In: *Marxism and the interpretation of culture*. Hgg. v. Cary Nelson und Lawrence Grossberg. Houndmills, Basingstoke, Hampshire: Macmillan. 271-313.

Steinbach, Peter (Hg.). 1987. *Widerstand. Ein Problem zwischen Theorie und Geschichte*. Köln: Verlag Wissenschaft und Politik.

Sternad, Christian (Hg.). 2011. *Phänomenologie und Philosophische Anthropologie*. Würzburg: Königshausen & Neumann.

Stouffer, Samuel Andrew. 1949. *Studies in Social Psychology in World War 2. The American Soldier*. Princeton, NJ: Princeton University Press.

Sunzi. 1988. *Die Kunst des Krieges*. München: Droemer Knaur.

Tilly, Charles. 2003. *The Politics of Collective Violence*. Cambridge [et al.]: Cambridge University Press.

Tolstoi, Leo N. 1983. *Rede gegen den Krieg. Politische Flugschriften*. Hg. v. P. Urban. Frankfurt/Main: Insel.

Tolstoi, Leo. 2003 [1868/69]. *Krieg und Frieden. Die Urfassung*. Darmstadt: Wissenschaftliche Buchgesellschaft.

Trotha, Trutz von/Rösel, Jakob (Hgg.). 2011. *On Cruelty. Sur la cruauté. Über die Grausamkeit*. Köln: Köppe.

Trotha, Trutz von. 2000. »Gewaltforschung auf Popitzschen Wegen. Antireduktionismus, Zweckhaftigkeit und Körperlichkeit der Gewalt«. In: *Mittelweg 36* 9:6. 26-36.

Trotha, Trutz von. 1999. »Formen des Krieges. Zur Typologie kriegerischer Aktionsmacht«. In: *Ordnungen der Gewalt. Beiträge zu einer politischen Soziologie der Gewalt und des Krieges*. Hgg. v. Sighard Neckel und Michael Schwab-Trapp. Opladen: Leske + Budrich. 71-95.

Trotha, Trutz von. 1997a. »Soziologie der Gewalt«. In: *Soziologie der Gewalt*. Hg. v. Trutz von Trotha. Opladen: Westdeutscher Verlag. 9-56.

Trotha, Trutz von (Hg.). 1997b. *Soziologie der Gewalt*. Sonderheft der Kölner Zeitschrift für Soziologie und Sozialpsychologie. Opladen: Westdeutscher Verlag.

Thukydides. 1957. *Der Peleponnesische Krieg. Übertragen von August Horneffer. Durchgesehen von Gisela Strasburger. Eingeleitet von Hermann Strasburger*. Bremen: Schünemann.

Vautrelle, Hervé. 2009. *Qu'est-ce que la violence?* Paris: Vrin.

Voigt, Rüdiger (Hg.). 2000. *Der Leviathan*. Baden-Baden: Nomos.

Wahl, Klaus. 2009. *Aggression und Gewalt. Ein biologischer, psychologischer und sozialwissenschaftlicher Überblick*. Heidelberg: Spektrum.

Waldmann, Peter. 1998. *Terrorismus. Provokation der Macht*. München: Gerling Akademie Verlag.

Waldmann, Peter. 2005. *Terrorismus. Provokation der Macht*. Hamburg: Murmann.

Waltz, Kenneth N. 1979. *Theory of International Politics*. Boston [et al.]: McGraw-Hill.

Walzer, Michael. 1977. *Just and Unjust Wars*. New York: Perseus Books.

Warburg, Jens. 2008. *Das Militär und seine Subjekte. Zur Soziologie des Krieges*. Bielefeld: transcript.

Weber, Eugen. 1976. *Peasants into Frenchmen. The modernization of rural France. 1870-1914*. Stanford, Cal.: Stanford University Press.

Weber, Max. 1971. *Gesammelte Politische Schriften*. Tübingen: Mohr.

Weber, Max. 1988a. *Gesammelte Aufsätze zur Wissenschaftslehre*. Tübingen: Mohr.

Weber, Max. 1988b. *Gesammelte Aufsätze zur Religionssoziologie*. Tübingen: Mohr.

Weber, Max. 1985. *Wirtschaft und Gesellschaft. Grundriß einer verstehenden Soziologie*. Tübingen: Mohr.

Welzer, Harald. 1994. »Verweilen beim Grauen. Bücher über den Holocaust«. In: *Merkur. Deutsche Zeitschrift für europäisches Denken* 538. 67-72.

Sach- und Personenregister

Teresa Koloma Beck ist Professorin für Soziologie der Globalisierung an der Universität der Bundeswehr München. **Klaus Schlichte** ist Professor für Politikwissenschaft/Internationale Beziehungen an der Universität Bremen.